21世纪经济管理新形态教材·物流学系列

物流与供应链管理综合实验教程

占济舟　刘华荣 ◎ 编　著

清华大学出版社

北京

图书在版编目 (CIP) 数据

物流与供应链管理综合实验教程 / 占济舟，刘华荣编著 . -- 北京 : 清华大学出版社 , 2024.10
21 世纪经济管理新形态教材 . 物流学系列
ISBN 978-7-302-66202-0

Ⅰ . ①物… Ⅱ . ①占… ②刘… Ⅲ . ①物流管理－高等学校－教材②供应链管理－高等学校－教材 Ⅳ . ① F252.1

中国国家版本馆 CIP 数据核字 (2024) 第 085328 号

责任编辑：胡 月
封面设计：汉风唐韵
版式设计：方加青
责任校对：宋玉莲
责任印制：刘 菲

出版发行：清华大学出版社
  网　　址：https://www.tup.com.cn，https://www.wqxuetang.com
  地　　址：北京清华大学学研大厦 A 座　　　　邮　编：100084
  社 总 机：010-83470000　　　　　　　　　邮　购：010-62786544
  投稿与读者服务：010-62776969，c-service@tup.tsinghua.edu.cn
  质 量 反 馈：010-62772015，zhiliang@tup.tsinghua.edu.cn
印 装 者：小森印刷霸州有限公司
经　　销：全国新华书店
开　　本：185mm×260mm　　印　张：14.25　　字　数：331 千字
版　　次：2024 年 10 月第 1 版　　印　次：2024 年 10 月第 1 次印刷
定　　价：49.00 元

产品编号：095663-01

随着互联网、大数据、人工智能、云计算、物联网等新兴技术与物流行业的深度融合，传统物流行业正在多个环节实现数字化、智能化，以现代信息技术为标志的智慧物流正步入快速发展阶段。智慧物流是通过运用信息技术、物联网技术、大数据分析、人工智能等先进技术手段，实现物流系统各环节的高效协同与集成，以提高物流运作效率，降低物流运作成本，提升客户服务水平的综合性物流解决方案。智慧物流对于推动我国物流行业转型升级、实现绿色物流发展具有重要意义。

为适应当前数字化时代物流行业的发展，高校物流管理专业人才培养也应顺势而为，利用信息化手段，搭建虚拟仿真综合实验教学平台，通过模拟真实的物流环境，让学生在虚拟环境中进行各种物流操作，从而进一步提高学生的实践能力、专业技能和学习兴趣。虚拟仿真实验教学一方面有助于学生将理论知识应用于实际工作中，提高解决物流实际问题的能力；另一方面，避免对物流实验设备和器材的损耗，降低实验成本，减少实验对环境的影响。

党的二十大报告强调要加快建设数字中国、教育强国。在数字化时代背景下，我国高度重视高校虚拟仿真实验教学的发展，颁布了一系列政策文件，如《国家中长期教育改革和发展规划纲要（2010—2020年）》《教育部关于加快建设发展高校智慧教育的意见》等，旨在大力推动实验教学与现代信息技术的深度融合，探索虚拟仿真实验教学的新模式。

本书基于上海百蝶教育科技有限公司开发的数智化ITP一体化实验教学平台，以虚拟仿真模拟软件为教学载体，通过对物流与供应链管理中的实验实践教学环节进行系统性教学设计，构建基于理实一体化和任务驱动的课程教学模式，学生在虚拟仿真环境中开展实验，实现线下实验难以完成的实验项目，达到实验教学所要求的认知和实践教学效果。

全书内容一共包括七章：第一章主要介绍百蝶ITP仿真平台，对软件系统安装环境、系统登录和平台功能进行说明；第二章对物流仓储中心作业流程中货物入库、移库、补货、出库等操作流程进行了实验设计；第三章对物流公路、铁路、水路、航空和多式联运运输作业进行了实验项目设计，完成运输方案的仿真实验；第四章设计了关于物流配送中心作业计划、配载方案优化调度和配送操作流程的实验操作项目；第五章对智慧物流中心货物入库、补货和出库的作业流程进行了实验设计；第六章设计了供应链企业运营平台中需求预测、设施选址、采购管理、库存控制等经营决策实验项目；第七章设计供应链协同与优化运营实验项目任务，对供应链企业间的运营决策实施方案进行仿真实验。

本书所涉及的实验教学资源由上海百蝶教育科技有限公司 ITP 智慧教学平台设计，网址为 http://www.baidee.com.cn/#/courseIndex，每个实验项目及实验任务都可实现远程操作，方便教师授课和学生操作。

本书是高等院校本科及研究生阶段的物流管理、供应链管理等相关专业实验教材，也可作为从事经管类实验实践教学的管理部门、政府与企业管理者的参考读物。本书在编写过程中，得到江苏省学位与研究生教育教学改革课题"产教融合视域下经管类专业学位硕士研究生的育人机制研究（JGKT23_C041）"、南京审计大学校级研究生教育教学改革课题"基于研究生工作站的产学研合作育人机制与实践研究"的资助。

虚拟仿真实验教学在实践中不断得到更新和完善，受编者自身学识和能力所限，本书在编写过程中存在若干疏忽和不足之处。在此，敬请各位专家、读者批评指正，我们及时作出修改和完善。

编　者
2024 年 5 月

目　录

第一章
ITP 仿真平台简介

一、ITP 仿真实验平台

1. 实验平台简介

ITP 一体化仿真实验平台是上海百蝶教育科技有限公司开发的针对物流与供应链管理教学过程的数智化实验平台。ITP 实验平台依托虚拟现实、多媒体、人机交互、数据库和网络通信等技术，构建虚拟仿真实验环境和实验对象，教师和学生可以在虚拟环境中开展实验，达到实验要求的认知和实践实验教学目标。

2. 系统安装环境配置要求

（1）服务器硬件配置：CPU 要求 10 核及以上，2.0GHz 或以上；内存要求 16G 或以上；硬盘容量要求剩余未使用空间 300G 或以上。

（2）服务器软件配置：Windows server 2016 及以上；数据库 SQL server 2012 及以上。

（3）学生机硬件配置：处理器 CPU 和显卡要求 Intel Core 系列，带核显的 CPU 要求不低于 I3-4370，HD4400 及以上（推荐 I5 四代），否则配备独立显卡推荐显存 1GB 以上；内存要求 8G 或以上；外设键盘、鼠标能正常使用，显示器为显示器 1080P。

（4）学生机软件配置：Windows10 专业版 64 位；360 极速浏览器最新版；局域网通畅；能方便支持远程软件，如向日葵、ToDesk 等。

3. 系统登录

双击桌面图标⬛或者打开任意浏览器（IE 浏览器除外，建议使用最新版 360 浏览器、QQ 浏览器等极速模式），输入设置好的服务器 IP：7466，按"Enter"键后出现"ITP 一体化教学管理平台"登录界面，输入账号和密码后即可登录（管理员初始账号：admin，密码：1；教师和学生账号需要自行创建），登录界面如图 1-1 所示。

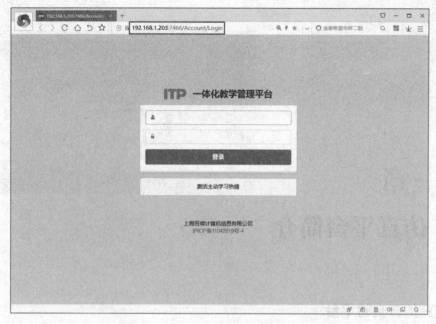

图 1-1　登录界面

二、ITP 平台功能说明

平台版课程主要内容包括课程介绍、课程内容、考核评价、学科竞赛等，包含在线测验、讨论、自评互评、提交作业、投票、仿真教学、查看课程文档、观看操作视频等功能。如图 1-2 所示，以"仓储管理"理实一体化课程为例说明，其他同类课程功能基本一致。

图 1-2　理实一体化课程

1. 课程介绍

课程主要包括项目内容与学时分配、教学方法与手段、考核与评价的相关介绍，如

图 1-3 所示。

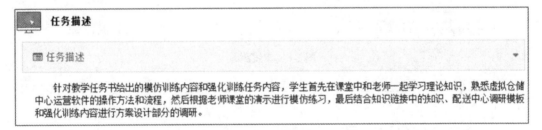

图 1-3 课程介绍

2. 课程内容

课程内容包含任务描述、知识链接、教师演示、模仿训练、强化训练和评价总结六部分。任务描述中主要说明学习本任务的内容要求和方法要求，如图 1-4 所示。

图 1-4 任务描述

知识链接包括预习资料、技能测验、在线讨论内容，学生可在线预习资料、参加在线测验和讨论，如图 1-5、图 1-6、图 1-7 所示。

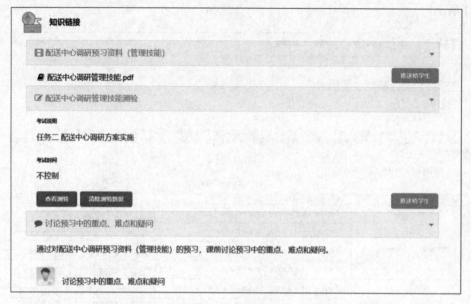

图 1-5　知识链接

图 1-6　在线测验

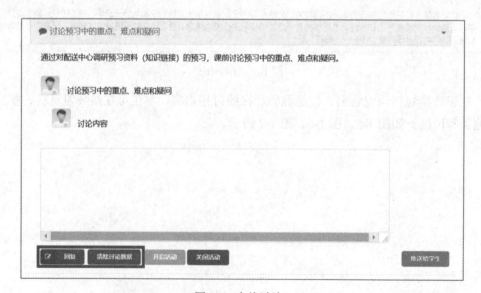

图 1-7　在线讨论

3. 模仿训练

学生依据教师讲授的相关知识和任务内容设计（或实施）的具体方法独立进行模仿练习。在方案实施任务中提供了模仿训练的仿真任务，学生在自己的界面点击"进入任务"进入 3D 仿真系统，如图 1-8 所示。

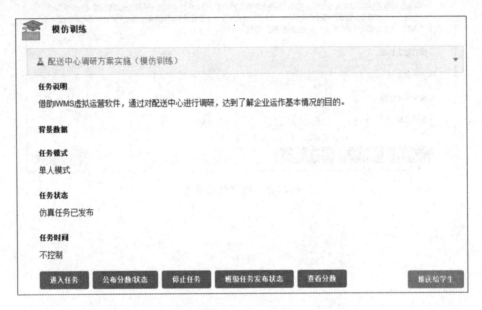

图 1-8　模仿训练

学生在线提交作业后，老师点击"批改作业"，可以对学生提交的作业进行评分，还可以批量下载作业，如图 1-9 所示。

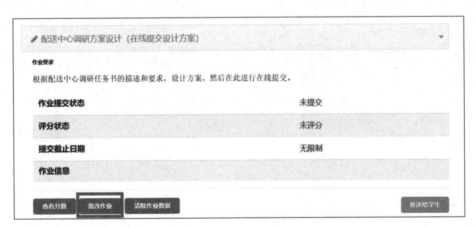

图 1-9　批改作业

4. 评价总结

教师依据方案设计（或方案实施）评价标准对学生强化训练的结果进行点评，学生对任务完成情况进行总结，形成总结报告。学生在自己的界面可以提交总结报告和进行投票，如图 1-10 所示。

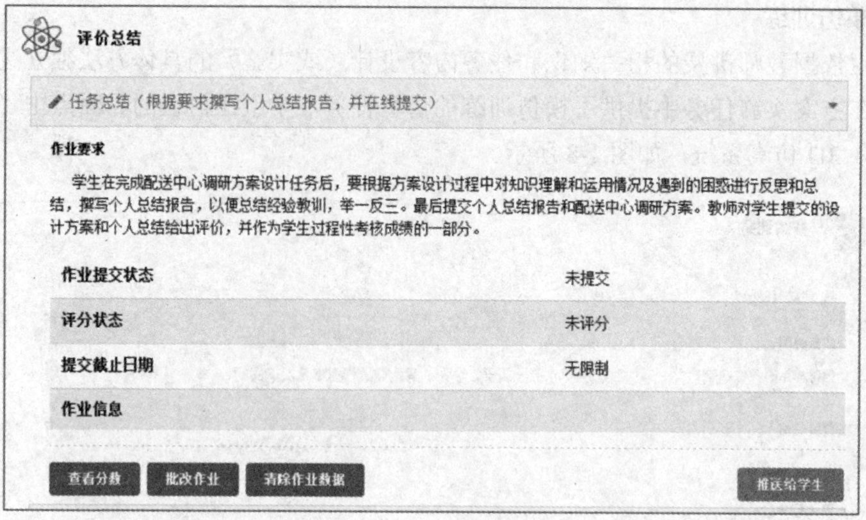

图 1-10　提交总结报告

第二章
物流仓储中心作业流程

【实验目标】

1. 了解仓储设备设施的使用方法；
2. 掌握货物入库作业的操作流程；
3. 掌握货物移库作业的操作流程；
4. 掌握货物补货作业的操作流程；
5. 掌握货物出库作业的操作流程。

实验项目 1：物流仓储设备实施的常用使用方法

【实验任务】了解物流仓储中心运作的基本情况，熟悉仓储中心布局结构、功能、流程及设施设备的功能和用途、货物的存储情况、订单流水、成本结构、作业岗位等相关基础信息。

进入 ITP 一体化教学管理平台，在【我的课程】里单击【仓储理实一体化课程】→【项目一　货物仓储作业方案设计与实施】→【子项目一　配送中心调研方案设计与实施】→选择【任务二　配送中心调研方案实施】，并在右侧点开【配送中心调研方案与实施 IWMS（教师演示）】，单击【进入任务】按钮，作业岗位选择【仓库管理员】，进入 3D 虚拟场景。

一、仓储基本设施设备

进入 3D 虚拟场景，如图 2-1-1 所示，具有如下按键操作（所有按键操作都须在英文输入法状态下操作才有效）：

● 按 "F1" 键为第一视角，按 "F2" 键为第三视角，按 "F3" 键为飞行视角。

● 按 "W" 键、"S" 键、"A" 键、"D" 键可进行前后左右移动。

● 按住鼠标右键进行拖动可以转换方向，第三视角下转动鼠标滚轮可调节视野远近，飞行视角下按"Q"键可以上升，按"E"键可以下降。

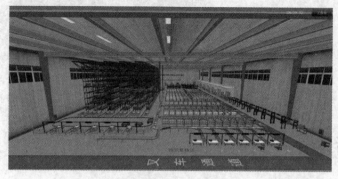

图 2-1-1　3D 虚拟场景

找到托盘存放区，顺着通道靠近仔细观察，记录下你所看到的设施设备和作业区域。仓储中心各种设施设备和工作区域如表 2-1-1 所示。

表 2-1-1　仓储中心设施设备和工作区域

设备名称	设备介绍	主要用途	设备名称	设备介绍	主要用途
托盘		托盘是用于集装、堆放、搬运和运输的装置，作为单元负荷的货物和制品的水平平台装置	入库理货区		待码盘货物的存放区，进行货物的码盘
升降台		不同高度输送线的连接装置	电动叉车		电动叉车是指以电为动力进行作业的叉车，对成件托盘货物进行装卸、堆垛和短距离运输作业的轮式搬运车辆
液压手推车（地牛）		地牛主要是对成件托盘货物进行短距离搬运	手推车		短距离搬运较轻的货物
普通托盘库区		用于存放整托盘货物	拣货区		用于存放箱体货物
仓储办公室		用于仓库中作业系统的管理系统操作	电子标签拣货区		是一种放置在货架上、可替代传统纸质价格标签的电子显示装置

设备名称	设备介绍	主要用途	设备名称	设备介绍	主要用途
播种式拣货架		将数量较多的同种货物运到发货场，然后根据每个货物的发送量分别取出货物，并分别投放到每个代表用户的货位上，直至配货完毕	拣货复核区		用于手持拣货和电子标签拣货货物的堆放，并进行货物复核
出库理货区		待出库货物的存放区域	立库货架区		充分利用仓库空间，提高仓库容量利用率，扩大仓库储存能力
输送机		方向易变，可灵活改变输送方向	自动导引车		具有磁条，轨道等自动导引设备，沿规划好的路径行驶，以电池为动力，并且装备安全保护以及各种辅助机构的无人驾驶的自动化车辆
堆垛机		用货叉搬运和堆垛或从高层货架上存取单元货物的专用起重机	皮带传送带		采用不锈钢网带作为载体，用于物料的输送
滚筒传送带		主要用于平底货物的输送，具有输送量大、运转轻快、效率高、能实现多品种共线分流输送	板式滑块传送带		和较小的弯曲半径的条件下输送，因此布置的灵活性较大
链式传送带		利用链条牵引、承载来运输货物	PDA（手持终端）		自身有电池，可以移动使用，具有数据存储及计算能力，能与其他设备进行数据通信，有显示和输入功能

按键操作定义见表 2-1-2，所有按键操作都需在英文输入法状态下操作才有效。

表 2-1-2 按 键 操 作

W	控制人物、车辆向前快速移动；码盘时调整人物方向
S	控制人物、车辆向后快速移动
A	控制人物向左移动；控制车辆向左转弯（车辆转弯须同时按住"W"键或"S"键）
D	控制人物向右移动；控制车辆向右转弯（车辆转弯须同时按住"W"键或"S"键）

Shift	人物向前、后、左、右移动的时候，按该键减慢移动速度
Q	取出 / 收起 PDA
X	调整集装箱 / 包装箱的方向
C	控制人物蹲下 / 站立。推手推车的状态下，按 C 键生成周转箱
Ctrl	拿起打印单据时须同时按住该键
Alt	操作 / 离开电脑；驾驶 / 离开车辆；扫描条码时须同时按住该键
F1	第一人称视角
F2	第三人称视角
F3	飞行视角
T	开启 / 关闭液压叉车
R	货物在叉车上复位。（货物插歪的情况下使用）
空格	人物跳跃，叉车刹车
Esc	取消键，收起打开的单据
Tab	打开 / 收起任务数据
↑	控制车辆货叉起升
↓	控制车辆货叉降落

二、仓储数据

1. 货品数据

进入仓储办公室操作电脑，进入【管理系统】→【仓库报表】→【商品进出货流水账】→【导出】，如图 2-1-2 所示。在导出的 Excel 表中根据调研任务要求查找所需要的数据（可用 Excel 表的筛选功能）。

图 2-1-2　仓库报表导出

2. 货物库存量调研

首先在导出的"商品进出货流水账" Excel 表中利用筛选功能选出调研任务要求中需要调研的货物类别，查看这个货物类别都包含哪些货物。

然后单击【库内管理】→【库存查询】，输入需要调研的【物料名称】，鼠标左键双击选中的物料信息，然后单击【查询】进行库存信息查询（单击库存量的蓝色数字会详细列明该货物的存储库位，如果所查询的货物没有库存明细信息出现，说明该货物在仓库中没有库存）如图 2-1-3 所示。

图 2-1-3　库存查询

实验项目 2：入库作业操作流程

【实验任务】借助 IWMS 虚拟运营软件，完成货物的入库验收、接货、卸货、货物验收、堆码组托、储位分配、上架等环节作业等，熟练货物入库作业操作流程。

1. 准备工作

实验设计的入库计划见表 2-2-1。

表 2-2-1　入 库 计 划

货主：AA 配送中心				订单日期：2016 年 12 月 1 日		
供应商：BB 饮料有限公司				预到日期：2016 年 12 月 2 日		
货物编码	货物名称	单位	数量（件）	单价（元）	金额（元）	备注
0101003	西凤陈酒 A8	瓶	576	38	21888	
0102002	可口可乐	瓶	576	5	2880	

2. 选择操作任务

选择【子项目二　货物入库作业方案设计与实施】，单击【进入任务】，任务角色选择【入库管理员】，进入 3D 模拟场景，如图 2-2-1 所示。

3. 进入仓库管理系统

通过按"W""S""A""D"键走到仓储办公室的电脑前面，根据提示按"Alt"键操作虚拟电脑，双击【管理系统】进入仓库管理系统界面，如图 2-2-2 所示。

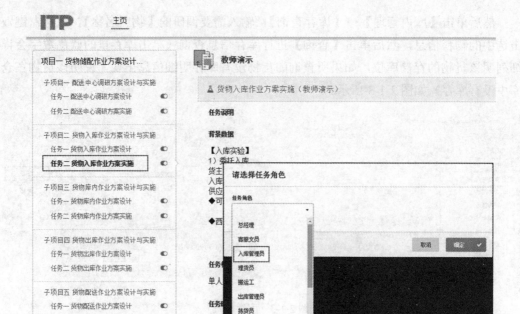

图 2-2-1　选择进入任务

图 2-2-2　虚拟电脑界面

4. 新建入库单据

执行【入库管理】→【入库预报】，单击【新增】，填写 ASN 单头，单击【新增明细】，按入库单要求填入 ASN 明细，单击 ASN 明细中【物料代码】后面的 🔍，跳出物料查询界面，在界面内输入物料代码单击【查询】，下方出现查询的物料信息，此时双击此条信息进行选择，如图 2-2-3、图 2-2-4、图 2-2-5 所示。然后选择【包装单位】和【预计数量】，单击【保存】，保存成功后，再单击【新增明细】。用同样的方法进行下一种货物的入库预报的增加。最后单击【列表】返回入库预报，如图 2-2-6 所示。

图 2-2-3 新增入库预报

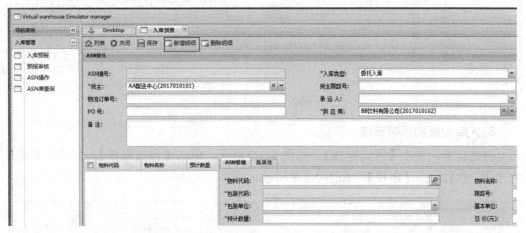

图 2-2-4 填写 ASN 单头

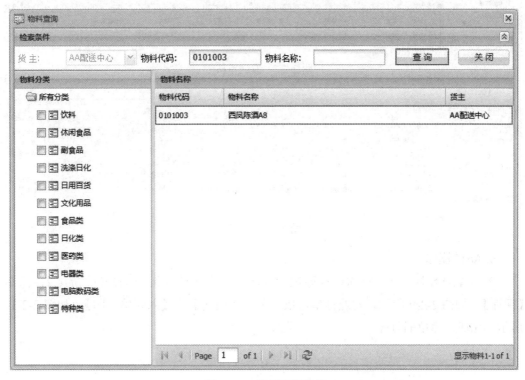

图 2-2-5 选择物料信息

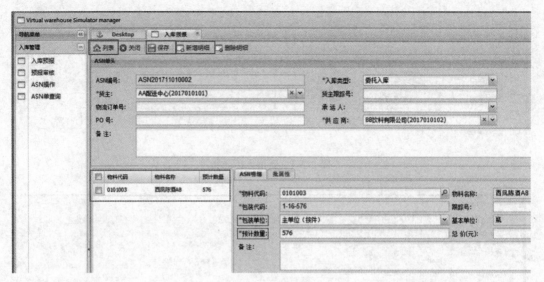

图 2-2-6　保存单据

5. 入库预报和预报审核

勾选订单，单击【发送审核】，如图 2-2-7 所示。单击【预报审核】，勾选需要审核的订单，然后单击【审核】，如图 2-2-8 所示。

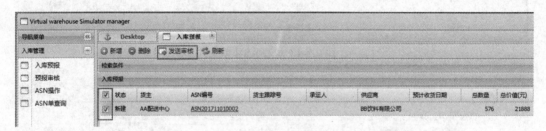

图 2-2-7　发送审核

图 2-2-8　审核

6. ASN 操作

单击【ASN 操作】，勾选审核通过的订单，单击【计划】，选择【收货区】，然后【保存】，如图 2-2-9 所示。勾选订单，依次单击【提交】和【入库单打印】，如图 2-2-10 所示，完成入库单的打印。

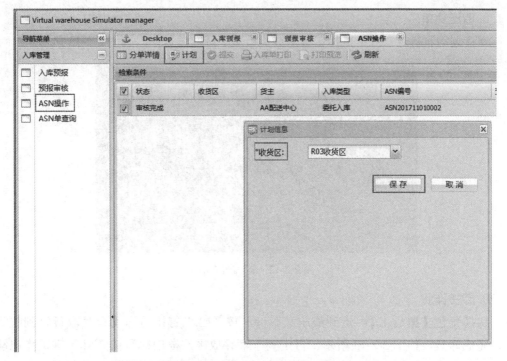

图 2-2-9 计划收货区

图 2-2-10 打印入库单

7. 取入库单

走到打印机旁边，根据提示按"Ctrl"键的同时单击鼠标左键拿起单据，如图 2-2-11
所示。

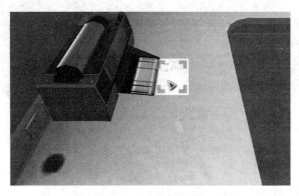

图 2-2-11 拿取单据

8. 取送货单

在计划的收货区，双击鼠标左键从送货员手中接取送货单，如图 2-2-12 所示。

图 2-2-12　签收送货单

9. 卸货作业

切换角色【搬运工】，走到液压叉车旁，按"Alt"键推液压叉车叉取货物到收货处，完成卸货，如图 2-2-13 所示。再走到车辆存放区，根据提示按"Alt"键操作电动叉车，上车后按"T"键启动车辆，到托盘存放处将托盘叉取到入库理货区摆放好，如图 2-2-14 所示。

图 2-2-13　卸货

图 2-2-14　入库理货区

10. 货物组托

靠近蓝色托盘，根据提示按"Alt"键进入码盘模式，然后单击鼠标左键进行抓取货物，并将货物按照设计的堆码方式进行码盘，如图 2-2-15 所示。

图 2-2-15　码盘

11. 收货确认

按"Q"键取出手持终端 PDA，双击进入【管理系统】，选择【收货】操作，如图 2-2-16 所示。跳转界面提示扫描入库单，打开入库单，移动手持 PDA 到条码处出现眼睛状图标时按"Alt"键的同时单击鼠标左键扫描入库单，扫描成功后按"Esc"键收起单据，如图 2-2-17 所示。跳转界面提示扫描托盘条码，用同样的方法进行扫描托盘条码（扫描时可按"C"键蹲下扫描），跳转界面显示扫描包装条码。用同样的方法进行扫描包装条码。最后根据实际收到的箱数在【倍数（箱）】输入相应数字 36，并单击【确定】，再单击【满盘】，如图 2-2-18 所示。用同样方法收取另一种货物，最后按"Q"键收起手持 PDA。

图 2-2-16　手持 PDA 收货

图 2-2-17　扫描入库单

图 2-2-18　收货

12. 返配送单

收货完成后，用液压叉车将木质托盘推送到送货车箱，拿出配送单，双击已签收的配送单返回送货员，如图 2-2-19 所示。

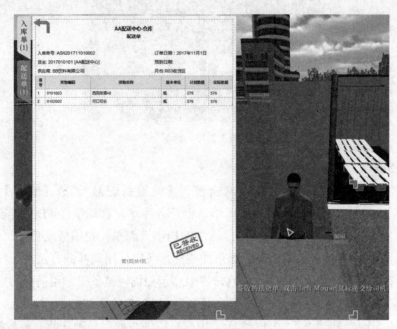

图 2-2-19　返配送单

13. 货物上架作业

（1）普通货物上架

按"Q"键取出手持 PDA，进入【上架】操作，如图 2-2-20 所示。跳转界面提示扫描托盘条码，扫描托盘条码后，跳转界面显示上架库位的选择和扫描，根据设计方案中的安排可知在立库存储区，走向立库货架旁的电脑，按"Alt"键操作电脑，进入【管理系统】，单击【开始作业】，如图 2-2-21 所示。

图 2-2-20　手持 PDA 上架　　　　　图 2-2-21　立库货架控制系统操作

按"Q"键取出手持 PDA，在【＊库位条码】栏中输入提前计划的库位 A013001，单击【自动上架】，开叉车将货物叉到立库货架输送线上完成自动入库、如图 2-2-22、图 2-2-23 所示。

图 2-2-22 输入库位号并自动上架

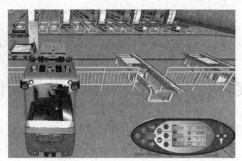

图 2-2-23 货物送到输送口

（2）重型货架存储区货物上架

按"Q"键取出手持 PDA 进入【上架】操作，根据跳转界面提示扫描另一个托盘条码。扫描托盘条码后，跳转界面显示上架库位的选择和扫描，根据设计方案中可知在重型货架存储区，先在手持 PDA 上进行库区的修改，如图 2-2-24 所示。库区修改完成后需要走到设计方案中指定的库位 P010102 后扫描库位条码，对应的库区就会变为蓝色，如图 2-2-25 所示。按"Q"键收起手持 PDA，然后开启电动叉车将货物叉到目的库位，上架完成，如图 2-2-26 所示。

图 2-2-24 修改库区

图 2-2-25 扫描库位

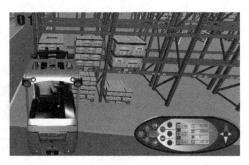

图 2-2-26 上架

14. 设备归位

最后将电动叉车和液压叉车放回车辆存放区，入库完成。

实验项目 3：移库和补货作业操作流程

【实验任务】按照项目任务的要求完成移库和补货作业的操作。

一、准备工作

1. 设计补货计划

根据出库货物的拣货区出库数量和拣货区的库存量，拣货区库存不足的货物需要补货，设计补货计划，见表 2-3-1。（注：补货数量是该库位的最大库存量）

表 2-3-1　进货补货计划

货主：AA 配送中心			预定日期：2016 年 12 月 4 日		
供应商：BB 饮料有限公司			订单日期：2016 年 12 月 7 日		
序号	货物编码	货物名称	订购量（件）	收货月台	上架库位
1	0101001	美汁源果粒橙	180	月台 3	A011701

表 2-3-2　移 库 计 划

序号	物料代码	货物名称	源库位	目标库位	移库数量
1	0102002	可口可乐	F231102	L041201	60

表 2-3-3　补 货 计 划

序号	物料代码	货物名称	源库位	目标库位	补货数量
1	0103005	东鹏特饮	A013304	F220702	54
2	0103003	红牛	A024201	L031001	120

2. 选择作业任务

选择【子项目三　货物库内作业方案设计与实施】→【任务二　货物库内作业方案实施（教师演示）】，单击【进入任务】，任务角色选择【仓库管理员】，进入 3D 模拟场景，如图 2-3-1 所示。

图 2-3-1　选择进入任务

二、管理系统操作

1. 进入仓库管理系统

通过按"W""S""A""D"键走到仓储办公室的电脑前面，根据提示按"Alt"键操作虚拟电脑，单击【管理系统】进入仓库管理系统界面，如图 2-3-2 所示。

图 2-3-2　虚拟电脑界面

2. 新建入库单

根据表 2-3-1 进货补货计划表，新增入库订单，并完成管理系统中入库管理的相关操作，并打印入库单。

3. 新建移库单

执行【库内管理】→【库存移动】，单击【新增】，填写【货主】和【预定日期】，再单击【新增明细】，跳出检索条件界面。单击检索界面物料代码后面的🔎跳出物料查询界面，输入移库货物的物料代码，单击【查询】，跳出需要查询的物料信息。双击物料信息跳出检索条件界面，双击鼠标左键选择需要移库的库存，如图 2-3-3、图 2-3-4 所示。

图 2-3-3　新增移库单

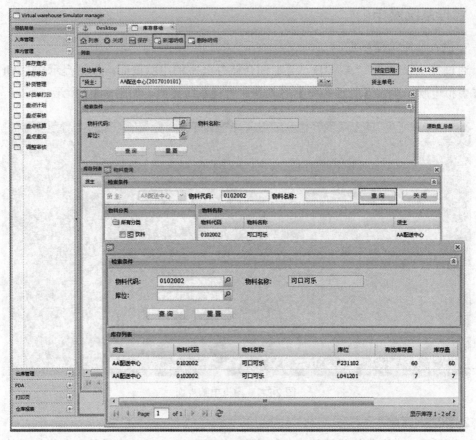

图 2-3-4　选择源库位

　　源库位选择完成后，回到库存移动的主界面，单击目标库位后面的 选择目标库位，如图 2-3-5 所示。最后单击【保存】按钮，保存成功后，单击列表返回库存移动界面。

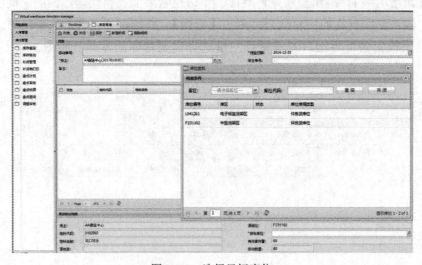

图 2-3-5　选择目标库位

4. 打印移库单

勾选移库信息后，单击【提交】→【打印移库单】，如图 2-3-6 所示。

图 2-3-6　打印移库单

5. 新建补货单

执行【库内管理】→【补货管理】，单击【新增】，选择【货主】后单击【物料代码】后的🔍，跳出物料查询界面，在界面内的【物料代码】输入货物的物料编码，点【查询】，下面出现所要查询的物料名称，如图 2-3-7、图 2-3-8 所示。此时双击此条物料信息选中物料信息，跳回到补货管理界面。单击【查询库存】，出现对应的库存列表，双击鼠标左键选择此货物的库存，如图 2-3-9 所示。

图 2-3-7　新增补货单

图 2-3-8　查询物料

图 2-3-9　选择源库位

　　源库位选择完成后，单击【目的库位】后面的 🔍 查询目标库位，然后双击选择目标库位，选择后在【补货数量】后面填写设计方案中计算的结果，然后单击【保存】按钮，如图 2-3-10 所示。保存成功后，单击列表返回补货管理界面，单击【新增】，录入下一种货物的补货单据，如图 2-3-11 所示。最后再返回补货管理界面。

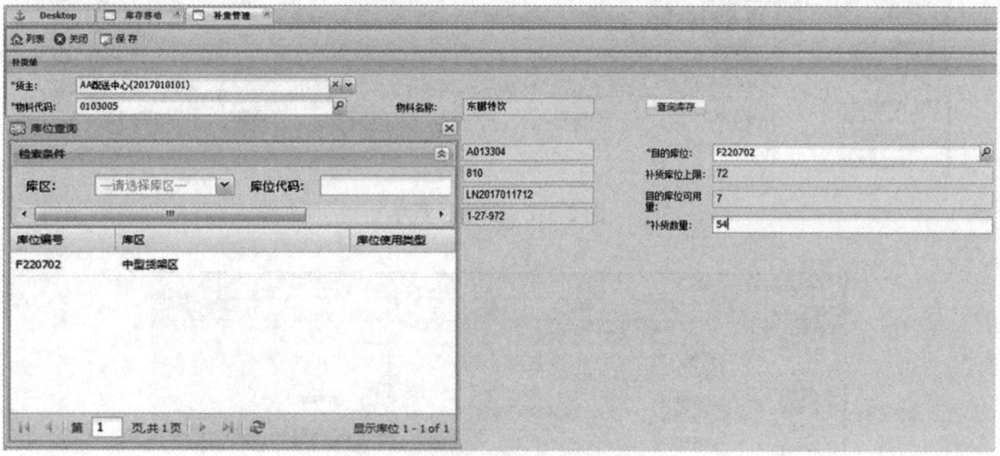

图 2-3-10　选择目标库位及补货数

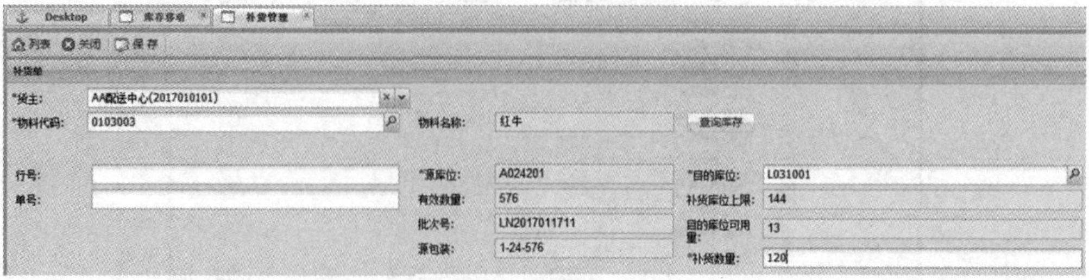

图 2-3-11　录入补货信息

6. 生成补货单

单击【库内管理】→【补货管理】，勾选其中一个补货信息后，单击【提交】，提交后补货信息状态显示为提交，再勾选另一个补货信息，单击【提交】，如图 2-3-12 所示。最后勾选已提交的所有补货信息，单击【生成补货单】，如图 2-3-13 所示。

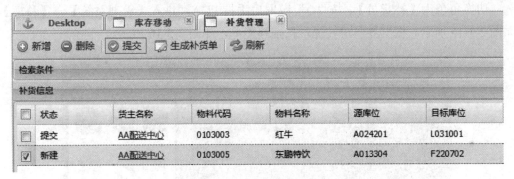

图 2-3-12 提交补货信息

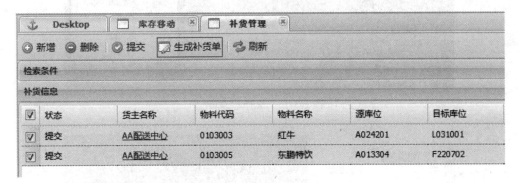

图 2-3-13 生成补货单

7. 打印补货单

单击【库内管理】→【补货单打印】，勾选所有补货信息后，单击【打印补货单】，如图 2-3-14 所示。

图 2-3-14 打印补货单

8. 取单据

按"Alt"键离开电脑，走向电脑旁边的打印机，移动鼠标箭头到纸张上，根据提示按住"Ctrl"键的同时单击鼠标左键，拿起入库单、移库单和补货单。

三、移库作业

1.移库操作

切换角色为【补货员】，按"Q"键取出手持 PDA，进入【管理系统】→【移库】，如图 2-3-15 所示。根据界面跳转提示扫描移库单，如图 2-3-16 所示。

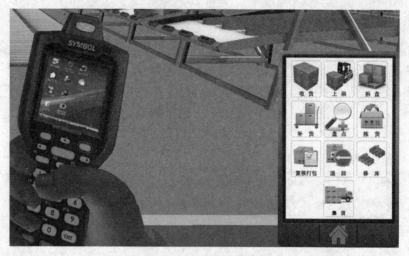

图 2-3-15　选择移库功能

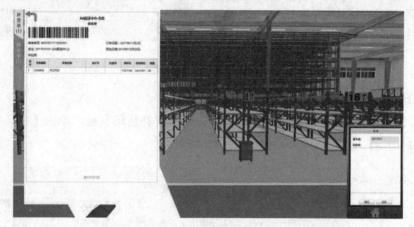

图 2-3-16　扫描移库单

2.取货

扫描移库单后，界面提示扫描库位，根据界面提示，推动手推车至中型货架区，开始扫描库位，如图 2-3-17 所示。扫描库位后界面跳转至扫描目的库位，收起手持 PDA，按住"Ctrl"键的同时单击鼠标左键，拿起货物放在手推车上。

图 2-3-17　扫描原库位

3. 上架

根据手持 PDA 提示库位，将手推车推至目的库位，拿出手持 PDA 扫描库位条码，如图 2-3-18 所示。扫描库位后库位显示为蓝色，根据界面跳转提示在【移库数量】栏输入需移库的数量 60，并单击【确定】，如图 2-3-19 所示。收起手持 PDA，然后按 "Ctrl" 键的同时点鼠标左键，拿起手推车上的货物，根据提示双击鼠标左键将货物放置到货架上，移库完成，如图 2-3-20 所示。

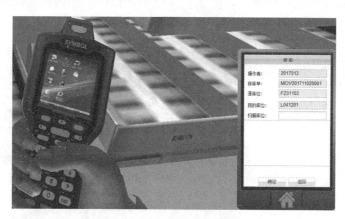

图 2-3-18　扫描目标库位

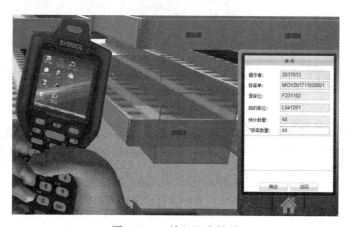

图 2-3-19　输入移库数量

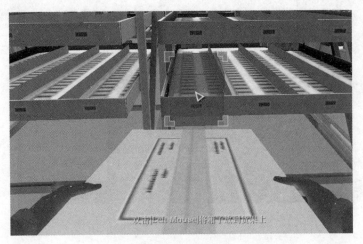

图 2-3-20　移库作业

四、补货作业

1. 补货操作

按"Q"键取出手持 PDA，进入【管理系统】→【补货】，根据界面跳转提示扫描补货单，取出补货单进行扫描，如图 2-3-21 所示。扫描后界面自动跳转，单击【箱取货】，界面显示源库位在立库存储区。

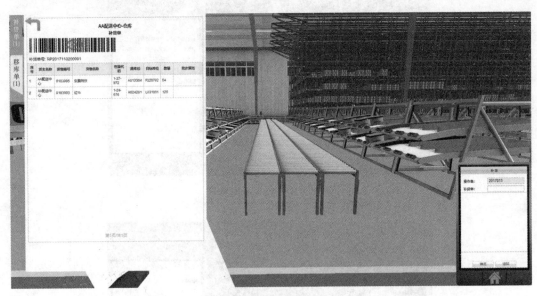

图 2-3-21　扫描补货单

2. 立库存储区控制系统操作

走向立库货架旁边的电脑，按"Alt"键操作电脑，进入【管理系统】后，单击【开始作业】，如图 2-3-22 所示。

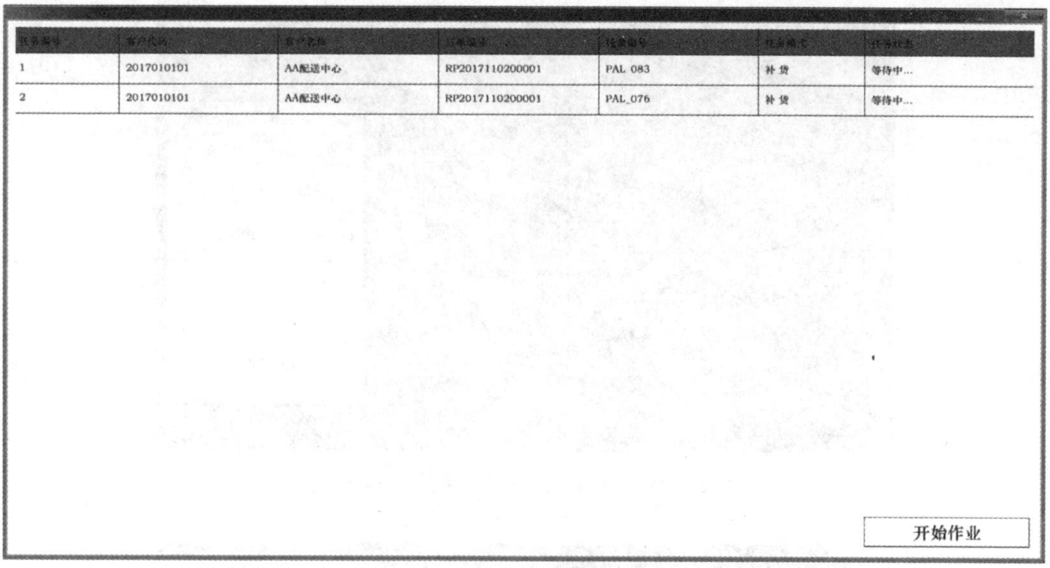

任务编号	客户代码	客户名称	订单编号	任务表编号	任务类型	任务状态
1	2017010101	AA配送中心	RP2017110200001	PAL_083	补货	等待中…
2	2017010101	AA配送中心	RP2017110200001	PAL_076	补货	等待中…

开始作业

图 2-3-22　立库货架控制系统操作

3. 取货

推一个单层手推车走向立库货架补货口，取出手持 PDA，根据界面提示扫描托盘条码，如图 2-3-23 所示。扫描完托盘条码后，界面跳转提示扫描物料条码，在【倍数（箱）】中输入 2，并点【确定】，如图 2-3-24 所示。收回手持 PDA，按住"Ctrl"键的同时单击鼠标左键，将货物放在手推车上，取货完成后在手持 PDA 上单击【托盘回库】，如图 2-3-25 所示。

图 2-3-23　扫描托盘

图 2-3-24　扫描物料条码及手持 PDA 确认

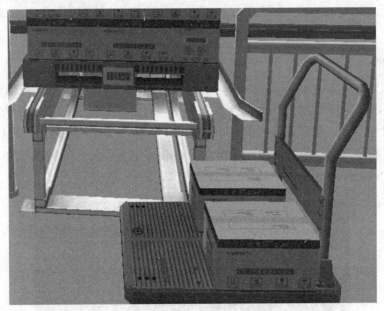

图 2-3-25　取货

4. 轻型货架区补货

在手持 PDA 上执行【上架补货】模块，界面提示扫描物料条码，如图 2-3-26 所示。扫描物料后，根据界面提示信息，把手推车推到目标库位 F220702，然后取出手持 PDA 扫描库位，如图 2-3-27 所示。扫描库位后，目标库位则变成蓝色框，在手持 PDA 的【倍数（箱）】栏中输入 2，如图 2-3-28 所示。最后根据提示按 "Ctrl" 键的同时单击鼠标左键拿起箱子，双击鼠标左键将货物放置到货架的蓝色区域内，货物上架完成，如图 2-3-29 所示。

图 2-3-26　扫描物料条码

图 2-3-27　扫描库位

图 2-3-28　手持 PDA 上架

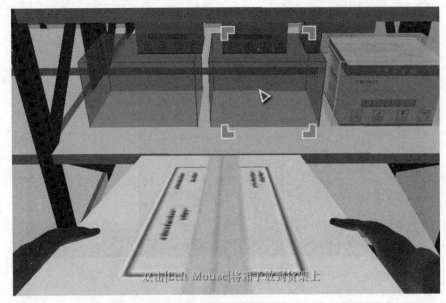

图 2-3-29　补货上架

5. 电子标签区补货

用同样的方法，将手推车再次推到立库货架出库口，依次扫描托盘编码、物料条码，取完货后，单击【托盘回库】。再次进入【上架补货】模块后，再次扫描物料条码，根据界面提示，推动货物至目标库位区 L031001，扫描库位条码，如图 2-3-30 所示。扫描完成后在手持 PDA【倍数（箱）】栏中输入 5，并单击【确定】，完成手持补货，如图 2-3-31 所示。完成手持 PDA 上架后，按住"Ctrl"键的同时单击鼠标左键拿起箱子，双击鼠标左键进行上架，如图 2-3-32 所示。补货作业完成。

图 2-3-30　扫描库位

图 2-3-31 输入补货箱数

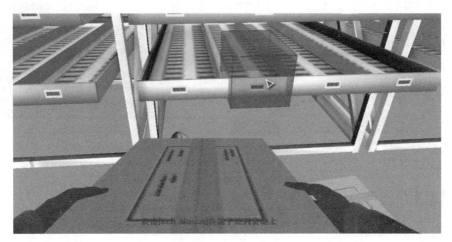

图 2-3-32 补货上架

实验项目 4：出库作业操作流程

【实验任务】按照项目任务的要求完成货物的拣货作业、复核作业和出库作业。

一、任务选择

选择【子项目四 货物出库作业方案设计与实施】→在右侧点开【货物出库作业方案实施（教师演示）】，并单击【进入任务】，任务角色选择【出库管理员】，进入 3D 模拟场景，如图 2-4-1 所示。

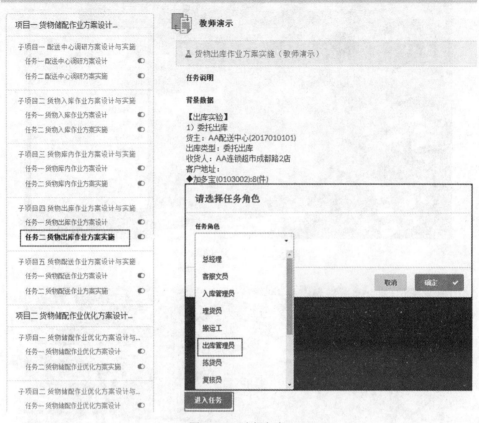

图 2-4-1　选择任务

二、管理系统操作

1. 进入仓库管理系统

按"Alt"键操作虚拟电脑，单击【管理系统】进入仓库管理系统界面，如图 2-4-2 所示。

图 2-4-2　进入管理系统

2. 发送需出库的单据审核

单击【出库管理】→【出库预报】，勾选所有订单，然后单击【发送审核】按钮，如图 2-4-3 所示。

图 2-4-3 发送审核

3. 出库审核

单击【出库审核】按钮，勾选有效的订单，然后单击【审核】按钮，如图 2-4-4 所示。若有无效订单，选择无效订单，单击【驳回】按钮，在跳出的【驳回信息】按钮中填写驳回的理由，最后单击【保存】按钮完成无效订单的驳回，如图 2-4-5 所示。选择审核通过后的所有订单，单击【出库单打印】按钮，如图 2-4-6 所示。

图 2-4-4 审核

图 2-4-5 订单驳回

图 2-4-6　出库单打印

4. 分配

单击【出库分配】，勾选其中一条待分配的出库单信息，然后单击【预分配】按钮，状态显示为【预分配完成】，完成后再单击【分配】按钮，状态显示为【分配完成】，如图 2-4-7 所示。以此方法依次分配所有的出库单信息。

图 2-4-7　分配订单

5. 打印拣货单

单击【拣货】，勾选选择所有的拣货单信息，依次单击【提交】和【打印拣货单】按钮，如图 2-4-8 所示。

图 2-4-8　打印拣货单

6. 取出库单和拣货单

按住"Ctrl"键的同时单击鼠标左键拿起单据，如图 2-4-9 所示。

图 2-4-9 取单据

三、拣货作业

1. 拣货操作

切换角色为【拣货员】，打开拣货单查看拣货单，如图 2-4-10 所示。按"Q"键取出手持 PDA，进入【管理系统】，在主界面单击【拣货】按钮，如图 2-4-11 所示。根据界面跳转提示扫描拣货单，如图 2-4-12 所示。

AA配送中心-仓库
拣货单

拣货单号: PK2017121100001　　　　出库单号: SO2017121100001
货主: 2017010101 [AA配送中心]　　　波次单号:

序号	货物编号	货物名称	托盘编号	拣货库位	计划拣货数	实际拣货数	批次属性
1	0103002	加多宝		L041002	8	0	
2	0104002	青岛啤酒（Tsingtao）纯生	PAL_500	P061302	16	0	

AA配送中心-仓库
拣货单

拣货单号: PK2017121100002　　　　出库单号: SO2017121100003
货主: 2017010101 [AA配送中心]　　　波次单号:

序号	货物编号	货物名称	托盘编号	拣货库位	计划拣货数	实际拣货数	批次属性
1	0103005	东鹏特饮	PAL_083	A013304	27	0	
2	0106002	百岁山矿泉水	PAL_096	A013702	12	0	
3	0106002	百岁山矿泉水		F221102	4	0	

AA配送中心-仓库
拣货单

拣货单号: PK2017121100003　　　　出库单号: SO2017121100004
货主: 2017010101 [AA配送中心]　　　波次单号:

序号	货物编号	货物名称	托盘编号	拣货库位	计划拣货数	实际拣货数	批次属性
1	0101002	红星二锅头酒	PAL_424	P051102	12	0	
2	0101002	红星二锅头酒		F210302	3	0	
3	0103003	红牛	PAL_076	A024201	24	0	
4	0103003	红牛		L031001	1	0	
5	0105001	统一冰红茶		F230302	7	0	

图 2-4-10 拣货单

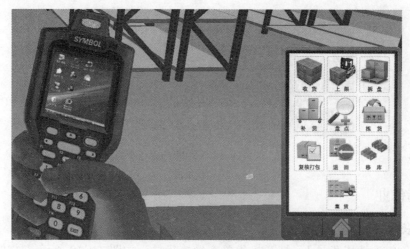

图 2-4-11　选择拣货功能

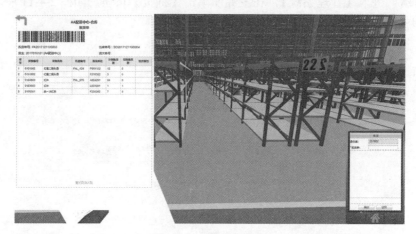

图 2-4-12　扫描拣货单

2. 件拣货

扫描拣货单后，界面自动跳转，单击【件拣货】按钮，如图 2-4-13 所示。

图 2-4-13　选择件拣货功能

（1）中型货架区拣货。按"Q"键收起手持 PDA，走到车辆存放区的双层手推车前，根据提示按"Alt"键推动双层手推车，同时按"C"键生成周转箱。

按"Q"键取出手持 PDA，根据界面提示，扫描周转箱条码，如图 2-4-14 所示。扫描周转箱后，界面跳转提示扫描库位，如图 2-4-15 所示。

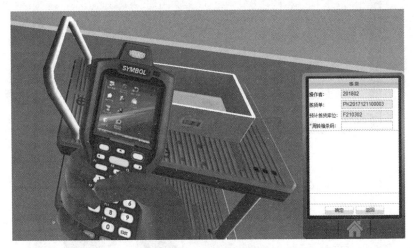

图 2-4-14　扫描周转箱条码

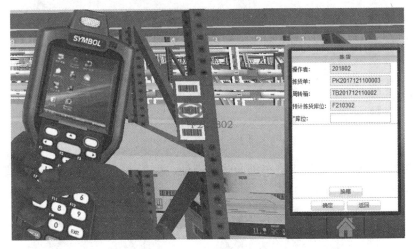

图 2-4-15　扫描库位条码

扫描库位后，界面自动跳转至拣货界面，根据拣货单拣货数量，单击货物一次，表示拣货一个，完成后单击【确定】按钮，如图 2-4-16 所示。拣完货物后，可以知道周转箱容积还有剩余，且手持 PDA 显示下一种货物需要到库位 F230302。收起手持 PDA，将双层手推车推向库位 F230302，用同样的方法完成中型货架的下一种货物拣货作业，如图 2-4-17 所示。

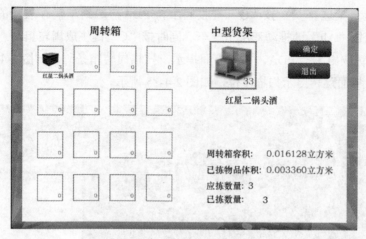

图 2-4-16　拣货货物

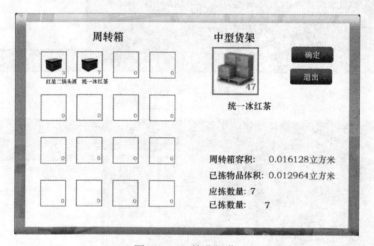

图 2-4-17　拣货操作

收起手持 PDA，将双层手推车推向传送带处，根据提示把货物放上传送带上，最后把手推车归位，如图 2-4-18 所示。

图 2-4-18　拿起、放下货物

（2）电子标签区拣货。走到电子标签区的电脑旁，按"Alt"键操作电脑，进入【管理系统】后，单击【开始作业】，如图 2-4-19 所示。根据提示按"Ctrl"键拿起电脑旁的手持 PDA，扫描拣货单，则对应的传送带会自动生成周转箱，如图 2-4-20、图 2-4-21 所示。

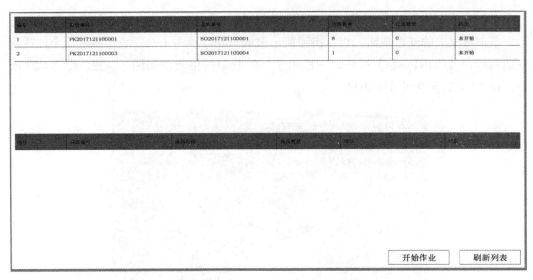

编号	托盘单号	出库单号	分拣数量	已拣数量	状态
1	PK2017121100001	SO2017121100001	8	0	未开始
2	PK2017121100003	SO2017121100004	1	0	未开始

序号	货物编号	商品名称	商品规格	库位	状态

开始作业　　刷新列表

图 2-4-19　电子标签区管理系统操作

图 2-4-20　拿起扫描枪

图 2-4-21　扫描拣货单

走到传送带上的周转箱前，扫描周转箱条码，则周转箱自动移动到待拣货货物旁边。单击货架上的红色按钮，再单击弹跳出来的货物，单击1次，表示拣货1个，拣货完成后单击【CONFIRM】按钮，完成电子标签货架的拣货，如图2-4-22、图2-4-23所示。按"Esc"键放回手持PDA。

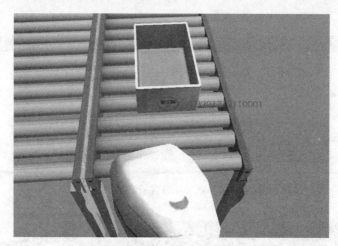

图 2-4-22　扫描周转箱条码

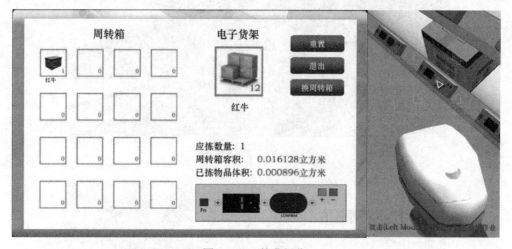

图 2-4-23　拣货操作

3. 箱拣货

按"Q"键取出手持PDA，再次进入【管理系统】中的【拣货】界面，单击【箱拣货】按钮。

（1）托盘货架区拣货。根据手持PDA跳转提示拣货库位P051102，在车辆存放区推一辆单层手推车至该库位，然后取出手持PDA扫描库位，如图2-4-24所示。扫描后跳转至扫描包装条码，根据提示扫描包装条码，并在【倍数（箱）】栏输入1，并单击【确定】，如图2-4-25所示。按住"Ctrl"键的同时单击鼠标左键拿起箱子放到单层手推车上，将手推车推到传送带旁边，根据提示拿起箱子并放在传送带上，如图2-4-26所示。

图 2-4-24　扫描库位

图 2-4-25　扫描包装条码并确认

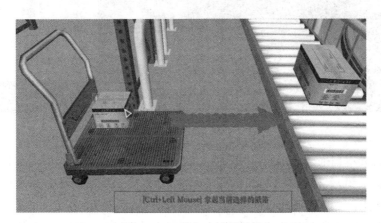

图 2-4-26　拿起、放下纸箱

（2）立库货架区拣货。走向立库货架区的电脑旁，操作电脑，进入【管理系统】，单击【开始作业】，如图 2-4-27 所示。离开电脑走到立库货架区货物出口处，按"Q"键取出手持 PDA，单击【拆盘】，如图 2-4-28 所示。

分布编号	客户代码	客户名称	订单编号	托盘编号	作业模式	拣货状态
1	2017010101	AA配送中心	PK2017121100002	PAL_083	拆盘出	等待中…
2	2017010101	AA配送中心	PK2017121100002	PAL_096	拆盘出	等待中…
3	2017010101	AA配送中心	PK2017121100003	PAL_076	拆盘出	等待中…

开始作业

图 2-4-27　立库货架控制系统

图 2-4-28　选择拆盘功能

　　根据跳转提示扫描托盘条码，如图 2-4-27 所示。扫描托盘条码后提示扫描包装箱条码，在【倍数（箱）】栏输入 1，并单击【确定】，如图 2-4-28 所示。拿起相应数量的箱子放到传送带上，并单击【托盘回库】，如图 2-4-29 所示。

　　此拣货单的所有货物拣货作业完成后，用同样的方法完成剩余两个拣货单所有货物的拣货作业。

图 2-4-27　扫描托盘

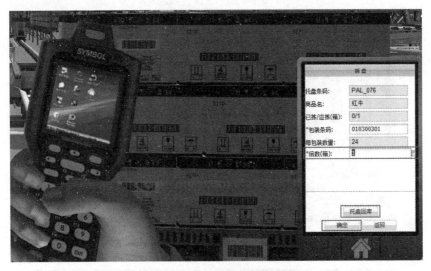

图 2-4-28　扫描包装条码并确认

图 2-4-29　拿起、放下纸箱

四、复核打包作业

1.复核打包

走向复核打包区,如图 2-4-30 所示。按"Q"键取出手持 PDA,进入【管理系统】的主界面,单击【复核打包】→【打包】,如图 2-4-31 所示。根据提示先扫描【出库单】,然后单击【生成新笼车】,并单击【确定】,如图 2-4-32 所示。

图 2-4-30　复核打包区

图 2-4-31　选择打包功能

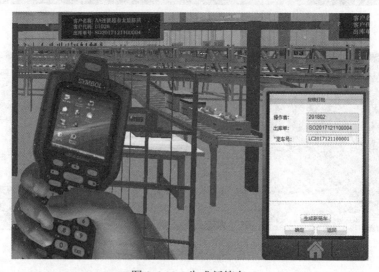

图 2-4-32　生成新笼车

2. 打包周转箱货物

根据跳转提示扫描周转箱，如图 2-4-33 所示。扫描周转箱后，界面弹出要打包的零散件商品，鼠标左键单击商品，直到把所有商品打包，并单击【确定】，如图 2-4-34、图 2-4-35 所示。用同样的方法打包另一个周转箱商品。收起手持 PDA，双击鼠标左键进行打包，如图 2-4-36 所示，把刚打包的商品拿起放进笼车里。

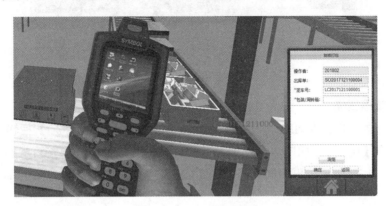

图 2-4-33　扫描周转箱

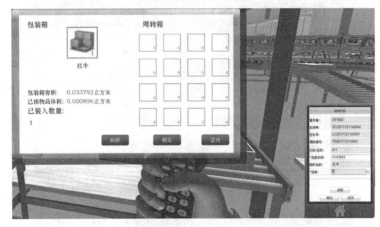

图 2-4-34　打包货物

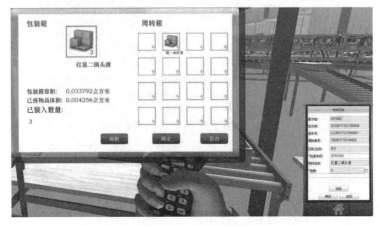

图 2-4-35　打包周转箱

图 2-4-36　打包纸箱

3. 复核整箱货物

按"Q"键取出手持 PDA，扫描包装箱条码，并在【倍数（箱）】栏输入应复核的箱数，并单击【确定】，如图 2-4-37 所示。用同样的方法复核另一整箱货物，并放进笼车内，如图 2-4-38 所示。再用同样的方法完成别的货物的复核作业，最后都装到对应的笼车。

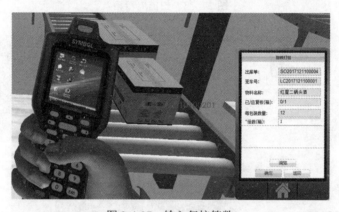

图 2-4-37　输入复核箱数

图 2-4-38　装笼车

4. 装箱单

按"Q"键取出手持PDA，进入【复核打包】界面，单击【打印装箱单】，根据界面提示扫描笼车号，并单击【打印装箱单】，如图2-4-39所示。打印机旁取装箱单，并按照提示双击鼠标左键粘贴装箱单到笼车上，如图2-4-40所示。用同样的方法将所有的装箱单贴到对应的笼车上。

图 2-4-39 打印装箱单

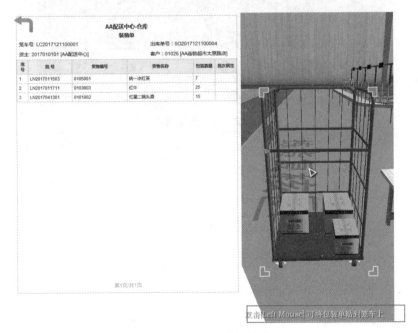

图 2-4-40 粘贴装箱单

五、集货作业

1. 手持PDA集货

按"Q"键取出手持PDA，进入【管理系统】的主界面，单击【集货】功能。根据界面跳转提示扫描笼车号后，界面提示为 1 号集货口，并单击【确定】，如图 2-4-41 所示。

图 2-4-41　确定集货口

2. 集货

靠近笼车，按"Alt"键操作笼车，推到 1 号出库口。用同样的方法将所有的笼车推到对应的出库口，如图 2-4-42 所示。

图 2-4-42　笼车推至出库口

第三章

物流运输作业流程

【实验目标】

1. 熟悉虚拟仿真软件中设施设备的使用方法；

2. 掌握公路运输中整车直达运输作业流程；

3. 掌握铁路零担运输作业流程；

4. 掌握水路集装箱运输作业流程；

5. 掌握航空货物运输作业流程；

6. 掌握多式联运运输作业流程

实验项目1：整车直达公路运输作业流程

【实验任务】根据任务要求，完成整车直达运输的受理、审核、调度、运输、签收和装卸作业等运输作业流程。

进入课程后，鼠标移至【目录】处，依次选择【项目一　运输作业方案设计与实施】→【子项目二　公路运输作业方案设计与实施】→【任务二　整车直达运输作业方案实施】。作业岗位选择【调度员】，选择城市【合肥】，进入 3D 仿真实验，如图 3-1-1 所示。

图 3-1-1　选择任务

一、管理系统操作

1. 进入运输管理系统

通过按"W"键、"S"键、"A"键、"D"键走到调度室的计算机前面，根据提示按"Alt"键操作虚拟计算机，双击【管理系统】进入仓库管理系统界面，如图 3-1-2 所示。

图 3-1-2　虚拟计算机界面

2. 托运单管理

单击【托运单管理】→【托运单录入】，勾选【托运单】，单击【分配】，状态显示为【分配完成】，再单击【提交】，如图 3-1-3 所示。按"Alt"键退出虚拟计算机界面。

图 3-1-3　提交托运单

3. 车辆调度

切换城市至总部城市上海。然后按"Alt"键进入上海的虚拟计算机界面，打开管理系统，进入【车辆调度】→【干线车辆调度】界面，选中托运单，选择直达线路，再根据设计方案选择车辆，单击【加入调度】，如图 3-1-4 所示。

图 3-1-4 车辆调度

调度成功后，在干线线路信息界面单击【全选】选中线路信息，然后单击【提交】，如图 3-1-5 所示。按"Alt"键退出虚拟计算机界面。

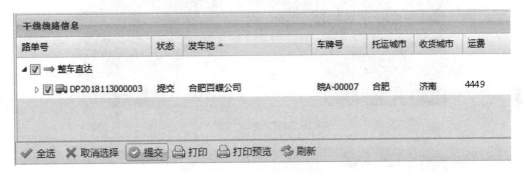

图 3-1-5 提交调度结果

4. 打印单据

再切换城市至当前城市合肥，按"Alt"键进入合肥的虚拟计算机界面，进入【干线调度】→【车辆调度】界面，单击【全选】选中线路信息，然后单击【打印】，此处不需要提交，如图 3-1-6 所示。

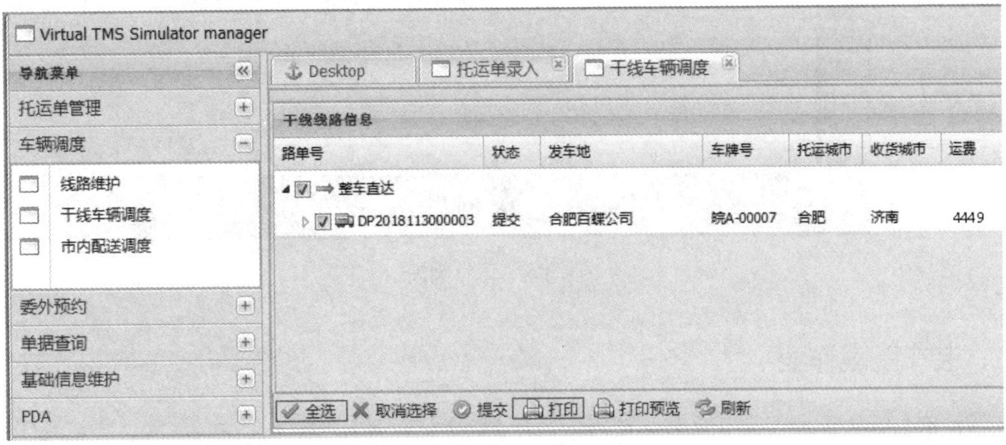

图 3-1-6 打印单据

按"Alt"键退出虚拟计算机界面，走到电脑左边打印机旁，鼠标指向打印出来的单据，根据提示按住"Ctrl"键的同时单击鼠标左键拿起单据，如图 3-1-7 所示。单击工具栏可查看单据，共三张单据，分别为路单、托运单和交接单，如图 3-1-8 所示。

图 3-1-7　拿起单据

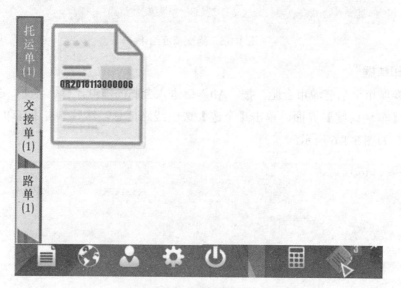

图 3-1-8　单据列表

二、装车配载作业

1. 取车

切换角色为【长途司机】，如图 3-1-9 所示。长途司机通过按"W"键、"S"键、"A"键、"D"键走到物流中心内的取车处，根据提示打开路单，双击鼠标左键完成取车，如图 3-1-10 所示。然后按"Esc"键收起单据。

图 3-1-9　切换角色

图 3-1-10　取车

通过按"W"键、"S"键、"A"键、"D"键控制人物走到物流中心院子里的车棚处，走近车门，根据提示按"Alt"键驾驶车辆，如图 3-1-11 所示。

图 3-1-11　驾驶车辆

2. 驾驶车辆

上车后，按"M"键打开地图，选择【合肥】→【发货点】（注：不选择合肥→发货点，箭头不会显示）。按"M"键收起地图，然后再按"T"键发动车辆，按照车前面的箭头指示，驾驶车辆去发货点，如图 3-1-12 所示。

图 3-1-12　驾驶车辆开往发货点

车辆到达发货点，将车辆停靠在发货客户月台前方的黄色实线内后，按"T"键熄火后再按"Alt"键下车，如图 3-1-13 所示。

图 3-1-13　到达发货点

3. 签收

通过按"W"键、"S"键、"A"键、"D"键控制人物走到车的后门，按"↓"键打开车门，然后走到签收人员面前，根据界面提示打开托运单，勾选回单联，双击鼠标左键进行签收，如图 3-1-14 所示。

图 3-1-14　单据签收

4. 手持 PDA 装车配载

切换角色为【装卸工】，按"Q"键取出手持 PDA，单击【进入管理系统】→【随车装卸】→【装车配载】界面，如图 3-1-15 所示。

图 3-1-15　手持 PDA 装车配载操作

根据手持 PDA 跳转提示，依次扫描【路单】→【交接清单】→【包装编号】。扫描单据时打开单据，光标对准条码，按住"Alt"键的同时点击鼠标左键进行扫描，如图 3-1-16 所示，扫描包装编号时需手持 PDA 对准包装箱上的条码，依次扫描所有包装箱上的条码，如图 3-1-17 所示。然后按"Q"键收起手持 PDA。

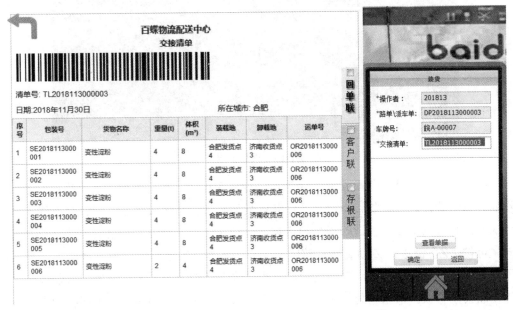

图 3-1-16　扫描单据

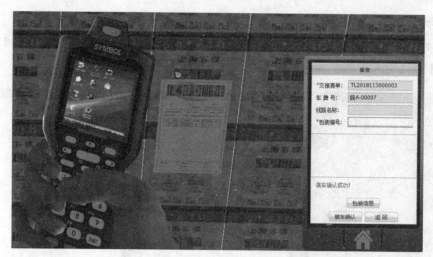

图 3-1-17　扫描包装编号

5. 货物装车配载

　　装车前，对于需要重设货物顺序的成件货物进行重设。走近包装箱，根据提示按
"Alt"键重设货物堆码，填写对应的排和列后，单击【自动排列】，依次重设需要重设
的包装箱，如图 3-1-18 所示。

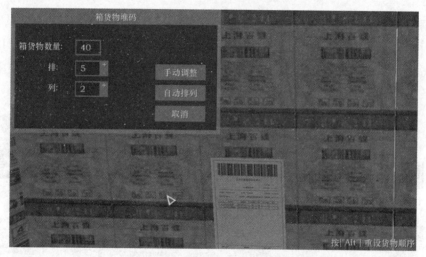

图 3-1-18　货物堆码重设

　　走近后车门，根据提示按住"Alt"键进行装卸作业。按照设计方案的装载图进行货
物的装车配载，进入装货状态后，鼠标贴近货物时货物会变成黄色，同时会出现一只绿
色的手，此时点击鼠标左键即可拿起货物，拖动鼠标至车厢内，如果需要调整货物的方
向，可按"Z"键进行 Z 轴旋转调整或者"X"键进行 X 轴旋转调整，调整后找准要放
置的位置会有绿色显示框，单击鼠标左键即可放下货物，如图 3-1-19 所示（装载时：易
碎物品禁止叠放，木箱包装禁止压在纸箱上，大箱禁止压在小箱上，不同收货人的货物
尽量分区摆放。）。依次装完所有的货物后，按"Alt"键结束装货作业，再按"↑"键
关上车门。

图 3-1-19　装车配载

三、运输作业

1. 送货操作

切换角色为【长途司机】，控制人物重新驾驶车辆，按"N"键打开装载报告进行查看，如图 3-1-20 所示。再按"N"键收起装载报告，收起时鼠标箭头不能放在装载报告上。

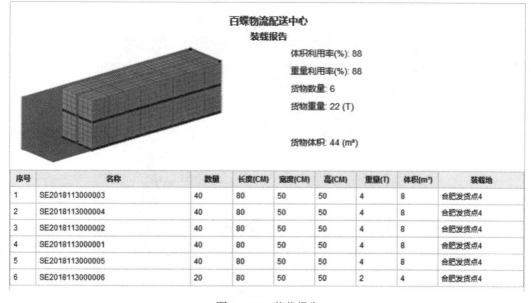

百蝶物流配送中心
装载报告

体积利用率(%): 88
重量利用率(%): 88
货物数量: 6
货物重量: 22 (T)
货物体积: 44 (m³)

序号	名称	数量	长度(CM)	宽度(CM)	高(CM)	重量(T)	体积(m³)	装载地
1	SE2018113000003	40	80	50	50	4	8	合肥发货点4
2	SE2018113000004	40	80	50	50	4	8	合肥发货点4
3	SE2018113000002	40	80	50	50	4	8	合肥发货点4
4	SE2018113000001	40	80	50	50	4	8	合肥发货点4
5	SE2018113000005	40	80	50	50	4	8	合肥发货点4
6	SE2018113000006	20	80	50	50	2	4	合肥发货点4

图 3-1-20　装载报告

按"M"键打开地图,双击地图上的收货城市,然后选择城市【济南】→【收货点】,出现导航线路。再按"M"键收起地图,按照车前面的箭头提示开往济南的收货点。

驾驶车辆到达目的收货点后,将车辆停靠在收货客户月台前方的黄色实线内后,按"T"键熄火后再按"Alt"键下车,如图 3-1-21 所示。

图 3-1-21　到达目的收货点

2.卸货操作

切换人物角色为【装卸工】,走到车门后按"↓"键打开车门,根据提示按"Alt"键进行卸货,和前面装货作业一样,把货物从车上拖出来,放进蓝色方框中。当所卸货物放置到正确的客户月台时,蓝色的方框会变成黄色,当此客户的所有货物卸载完成后黄色方框变成绿色方框,如图 3-1-22 所示。

图 3-1-22　卸货完成

3. 手持 PDA 卸货操作

按"Q"键取出手持 PDA，单击【进入管理系统】→【随车装卸】→【卸货】界面，如图 3-1-23 所示。根据手持 PDA 跳转提示，依次扫描【路单】→【交接清单】→【包装编号】，与装车配载扫描过程基本一致，在此不做描述。依次扫描完所有包装的条码后，卸货完成，按"Q"键收起手持 PDA。

图 3-1-23　手持 PDA 卸货操作

4. 客户确认签收

走到签收人员面前，根据界面提示打开托运单，勾选客户联，双击鼠标左键进行签收，如图 3-1-24 所示。当再次取出托运单时，托运单上显示【已签收】，表示此单货物送货完成。

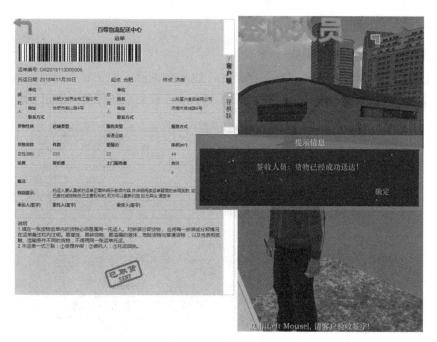

图 3-1-24　客户签收

实验项目 2：铁路零担运输作业流程

【实验任务】完成零担运输作业的受理、审核、调度、运输、签收和装卸作业等，熟练掌握铁路零担运输作业的基本流程。

进入 ITP 系统后，鼠标移至【目录】处，依次选择【项目一　运输作业方案设计与实施】→【子项目三　铁路运输作业方案设计与实施】→【任务四　铁路零担运输作业方案实施】；单击【进入仿真实验】。作业岗位选择【调度员】，选择城市【南京】，进入 3D 模拟场景，如图 3-2-1 所示。

图 3-2-1　选择进入任务

一、管理系统操作

1. 进入运输管理系统

通过按"W"键、"S"键、"A"键、"D"键走到调度室的计算机前面，根据提示按"Alt"键操作虚拟计算机，双击【管理系统】进入仓库管理系统界面，如图 3-2-2 所示。

图 3-2-2　虚拟计算机界面

2.托运单管理

单击【托运单管理】→【托运单录入】，勾选所有【托运单】，单击【分配】按钮，状态显示为分配完成，再单击【提交】按钮，如图3-2-3所示。按"Alt"键退出退出虚拟计算机界面。

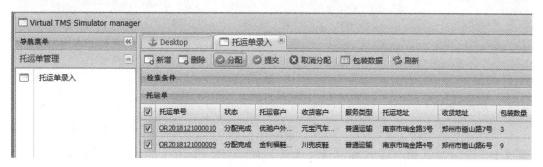

图 3-2-3 提交托运单

3.委外预约

切换城市至总部城市上海，然后按"Alt"键进入上海的虚拟计算机界面，打开管理系统，进入【委外预约】→【铁路预约】界面，单击【创建预约单】按钮。查看任务数据中托运客户和收货客户所在的城市，在发货人后面的检索标志中选择【南京火车站】，再在收货方的检索标志中选择【郑州火车站】，然后勾选所有托运单，单击【保存】按钮，最后单击【列表】按钮，返回委外预约的主界面，如图3-2-4所示。

图 3-2-4 保存预约单

勾选【预约单】，然后单击【提交发布】按钮，如图3-2-5所示。

图 3-2-5　提交预约单

4. 市内配送调度

切换城市至南京，然后按"Alt"键操作电脑，进入【车辆调度】→【市内配送调度】，然后勾选所有【托运单】，选择调度车辆，单击【加入调度】，如图 3-2-6 所示。

图 3-2-6　市内配送调度

调度成功后，在配送调度结果界面单击【全选】选中调度结果，依次单击【提交】→【打印单据】（不单击提交车辆上就没有导航数据），提交后状态由【配载中】变成【提交】，如图 3-2-7 所示。最后按"Alt"键退出虚拟计算机界面，走向电脑左侧打印机旁拿起打印的单据。

派车单	状态	运单号	车牌号	总体积(m³)	总重量(t)
▲ ☑ ⇒ 南京					
▷ ☑ 🚚 CT2018121000004	提交		苏A-00001	9.288	1.613

配送调度结果

✔ 全选　✖ 取消选择　⊘ 提交　🖨 打印单据　🔄 刷新

图 3-2-7　打印单据

二、装车配载作业

1. 取车

切换人物角色为【市内配送员】，然后走到物流中心内的取车处，根据提示打开【派车单】，双击鼠标左键取车。取车成功后按"Esc"键收起单据，控制人物走到物流中心院子里的车棚处，走近车门，根据提示按"Alt"键驾驶车辆。

2. 驾驶车辆

上车后，按"M"键打开地图，选择【南京】→【发货点】。按"M"键收起地图，然后再按"T"键发动车辆，按照车前面的箭头指示，驾驶车辆去发货点。

车辆到达发货点，将车辆停靠在发货客户月台前方的黄色实线内，按"T"键熄火后再按"Alt"键下车，如图 3-2-8 所示。

图 3-2-8　到达发货点

3. 签收

控制人物走到签收人员面前，根据界面提示打开托运单，勾选【回单联】，双击鼠标左键进行签收，依次签收此任务的两个托运单。

4. 装车配载

切换人物角色为【装卸工】，按"Q"键取出手持 PDA，单击【进入管理系统】→【随车装卸】→【装车配载（装货）】界面。根据手持 PDA 跳转提示，依次扫描【派车单】→【提货单】→【包装编号】（注：扫描单据时按序扫描正确的单据）。

扫描完第一个提货单后，扫描该提货单对应的所有包装编号，每扫描一个包装编号都提示【装车确认成功】，如图 3-2-9 所示。完成此提货单的货物装车后手持 PDA 界面自动跳转至扫描派车单，依次扫描另一个提货单进行装车，提货单都完成后按"Q"键收起手持 PDA。

图 3-2-9　扫描单据

然后走近车尾，按"↓"键打开车门，根据提示按"Alt"键进行装车。移动鼠标指向货物，当箭头变成绿色手时，单击鼠标左键搬起货物，然后拖动鼠标放在车厢内，找准位置后货物显示为绿色，单击鼠标左键放下货物，如图 3-2-10 所示。按照设计方案的配载图依次装完所有包装箱，再按"Alt"键结束装货作业，按"↑"键关闭车门。

图 3-2-10　装车配载

三、运输作业

1. 送货操作

切换人物角色为【市内配送员】，控制人物重新驾驶车辆，按"N"键打开装载报告进行查看。再按"N"键收起装载报告，收起时鼠标箭头不能放在装载报告上。

按"M"键打开地图，然后选择城市【南京】→【火车站】，出现导航线路。再按"M"键收起地图，再按"T"键发动车辆后按照车前面的箭头提示开往火车站，停靠在蓝色的长方形框旁边，如图 3-2-11 所示。按"T"键熄火后再按"Alt"键下车。

图 3-2-11　到达火车站

2. 卸货操作

切换人物角色为【装卸工】，然后走近车尾，按"↓"键打开车门，再根据提示按"Alt"键进入卸货模式。移动鼠标指向包装箱，此时鼠标箭头变成绿色手，包装箱变为黄色，然后单击鼠标左键，拖动鼠标把包装箱放在地面上的蓝色长方形框中，当蓝色长方形框变成黄色时单击鼠标左键放下包装箱，依次卸完所有的包装箱后，黄色的长方形框变成了绿色，如图 3-2-12 所示。最后按"Alt"键结束装货作业，按"↑"键关闭车门。

图 3-2-12　卸货完成

按"Q"键取出手持 PDA，单击【进入管理系统】→【随车装卸】→【运输作业（卸货）】界面。根据手持 PDA 跳转提示，依次扫描【派车单】→【提货单】→【包装编号】。按照装车配载的扫描方法依次扫描完所有的单据和对应的包装编号（注：每扫描一个包装编号都提示【卸货确认成功】），然后按"Q"键收起手持 PDA。

3. 托运验货

切换人物角色为【市内配送员】，走近旁边的【托运窗口】，根据提示打开【预约单】，双击鼠标左键将预约单交给工作人员，如图 3-2-13 所示。此时等待工作人员进行验货，验货完成后出现【提示信息】，单击确认后打印出单据，然后拿起窗口打印机旁的单据，如图 3-2-14 所示。

控制人物重新驾驶车辆，按"M"键打开地图，选择城市【南京】→【分中心】。再按"M"键收起地图，把市内配送车辆开回分中心。

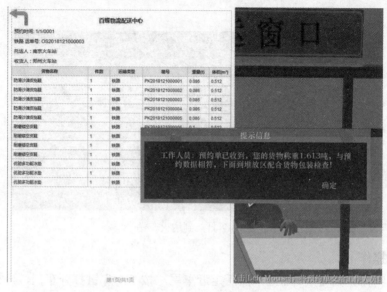

图 3-2-13　办理托运

图 3-2-14　确认验货

四、管理系统操作

切换城市为【郑州】，再切换人物角色为【调度员】，然后按"Alt"键操作电脑，双击【管理系统】进入仓库管理系统界面。单击【车辆调度】→【市内配送调度】，然后勾选所有【托运单】，选择调度车辆，单击【加入调度】，如图 3-2-15 所示。

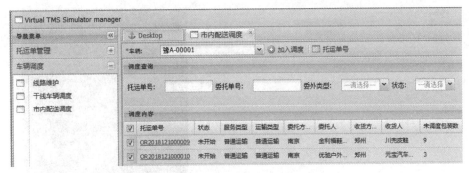

图 3-2-15　市内配送调度

调度成功后，在配送调度结果界面单击【全选】选中调度结果，依次单击【提交】→【打印单据】（不单击提交车辆上就没有导航数据），提交后状态显示为【提交】，如图 3-2-16 所示。按"Alt"键退出虚拟计算机界面，走向电脑左侧打印机旁拿起打印的单据。

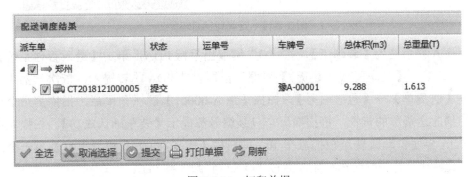

图 3-2-16　打印单据

五、装车配载作业

1. 取车

切换人物角色为【市内配送员】，然后走到物流中心内的取车处，根据提示打开【派车单】，双击鼠标左键取车。然后按"Esc"键收起单据，控制人物走到物流中心院子里的车棚处，走近车门，根据提示按"Alt"键驾驶车辆。

2. 驾驶车辆

上车后，按"M"键打开地图，选择【郑州】→【火车站】。按"M"键收起地图，然后再按"T"键发动车辆，按照车前面的箭头指示，驾驶车辆去火车站。车辆到达火车站后，将车辆停靠在火车站前方的蓝色长方形框内，按"T"键熄火后再按"Alt"键下车。

3. 装车配载

到站后走向【提货窗口】，根据提示打开【到货通知单】，双击鼠标左键把到货通知单交给工作人员，出现提示货物即将出库的信息，单击【确定】按钮后提示提货业务已完成的信息，如图 3-2-17 所示。

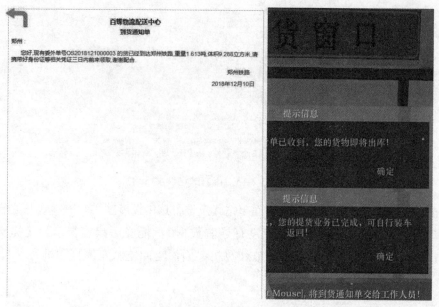

图 3-2-17 签收到货通知单

切换人物角色为【装卸工】，按"Q"键取出手持 PDA，单击【进入管理系统】→【随车装卸】→【装车配载（装货）】界面。根据手持 PDA 跳转提示，依次扫描【派车单】→【送货单】→【包装编号】。扫描【豫 A-00001】的派车单后，扫描第一个送货单，扫描此送货单的货物，每扫描一个包装编号都提示【装车确认成功】。扫描完成后手持 PDA 界面自动跳转至扫描派车单，再扫描【豫 A-00001】的派车单及另一个送货单，依此操作进行扫描装车，完成后按"Q"键收起手持 PDA。

然后走近车尾，按"↓"键打开车门，根据提示按"Alt"键进行装车。移动鼠标指向包装箱，当箭头变成绿色手时，包装箱变为黄色，单击鼠标左键搬起货物，然后拖动鼠标放在车厢内，找准位置后货物显示为绿色，单击鼠标左键放下货物。依次装完所有包装箱，再按"Alt"键结束装货作业，按"↑"键关闭车门。

六、运输作业

1. 送货操作

切换人物角色为【市内配送员】，控制人物重新驾驶车辆，按"N"键打开装载报告进行查看。再按"N"键收起装载报告，收起时鼠标箭头不能放在装载报告上。

按"M"键打开地图，然后选择城市【郑州】→【收货点】，出现导航线路。再按"M"键收起地图，按照车前面的箭头提示开往收货点，停靠在收货月台前的黄色框内。按"T"键熄火后，再按"Alt"键下车。

2. 卸货操作

切换人物角色为【装卸工】，然后走近车尾按"↓"键打开车后门，最后按"Alt"键进入卸货模式。移动鼠标指向包装箱，当箭头变成绿色手时，单击鼠标左键，然后拖动鼠标把包装箱放在地面上的蓝色方框中，当蓝色框变成黄色的时候，单击鼠标左键放下包装箱，依次卸完此客户的所有包装箱，黄色框变成绿色框，如图 3-2-18 所示。再使用同样的方法将另一个客户的货物卸载完成，按 "Alt" 键结束装货作业。

图 3-2-18　货物送达

再按 "Q" 键取出手持 PDA，单击【进入管理系统】→【随车装卸】→【运输作业（卸货）】界面。根据手持 PDA 跳转提示，依次扫描【派车单】→【送货单】→【包装编号】。扫描完单据后依次扫描两个客户对应的所有的包装箱编号进行卸货，然后按 "Q" 键收起手持 PDA。

3. 客户确认签收

走向签收人员，根据界面提示打开一张托运单，勾选【客户联】，双击鼠标左键进行签收，如图 3-2-19 所示。用同样的方法签收另一个客户的托运单。

图 3-2-19　客户签收

切换人物角色为【市内配送员】，控制人物重新驾驶车辆，按 "M" 键打开地图，选择城市【郑州】→【分中心】。再按 "M" 键收起地图，把市内配送车辆开回分中心。

实验项目3：水路集装箱运输作业流程

【实验任务】运用虚拟仿真软件完成水路集装箱运输业务的受理、审核、调度，并能执行运输作业；熟悉水路集装箱运输作业的基本流程。

依次选择【项目一 运输作业方案设计与实施】→【子项目四 水路运输作业方案设计与实施】→【任务二 水路集装箱运输作业方案实施】；单击【进入仿真实验】。作业岗位选择【调度员】，选择城市【青岛】，进入 3D 模拟场景，如图 3-3-1 所示。

图 3-3-1　选择进入任务

一、管理系统操作

1. 进入运输管理系统

通过按"W"键、"S"键、"A"键、"D"键走到调度室的计算机前面，根据提示按"Alt"键操作虚拟计算机，双击【管理系统】进入仓库管理系统界面，如图 3-3-2 所示。

图 3-3-2　虚拟计算机界面

2. 托运单管理

单击【托运单管理】→【托运单录入】，勾选【托运单】，单击【分配】，状态显示为分配完成，再单击【提交】，如图 3-3-3 所示。按"Alt"键退出虚拟计算机界面。

图 3-3-3　提交托运单

3. 委外预约

切换城市至总部城市上海，然后按"Alt"键进入上海的虚拟计算机界面，打开管理系统，进入【委外预约】→【港口预约】界面，单击【创建预约单】。查看任务数据中托运客户和收货客户所在的城市，在发货人后面的检索标志中选择【青岛港】，再在收货方的检索标志中选择【福州港】，然后勾选托运单，单击【保存】按钮，最后单击【列表】，返回委外预约的主界面，如图 3-3-4 所示。

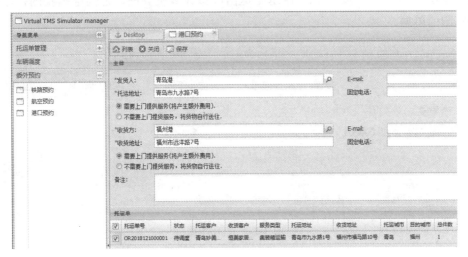

图 3-3-4　保存预约单

勾选【预约单】，然后单击【提交发布】，如图 3-3-5 所示。

图 3-3-5　提交预约单

4. 市内配送调度

切换城市至青岛，然后按"Alt"键操作电脑，进入【车辆调度】→【市内配送调度】，然后勾选【托运单】，选择车辆【40GP 集装箱车】，单击【加入调度】，如图 3-3-6 所示。

图 3-3-6　市内配送调度

调度成功后，在配送调度结果界面单击【全选】选中调度结果，依次单击【提交】→【打印单据】（不单击提交车辆上就没有导航数据），提交后状态由【配载中】变成【提交】，如图 3-3-7 所示。按"Alt"键退出退出虚拟计算机界面，走向电脑左侧打印机旁拿起打印的单据。

图 3-3-7　打印单据

二、装车配载作业

1. 取车

切换人物角色为【市内配送员】，然后走到物流中心内的取车处，根据提示打开【派车单】，双击鼠标左键取车。取车成功后按"Esc"键收起单据，控制人物走到物流中心院子里的车棚处，走近车门，根据提示按"Alt"键驾驶车辆。

2. 驾驶车辆

上车后，按"M"键打开地图，选择【青岛】→【发货点】。按"M"键收起地图，然后再按"T"键发动车辆，按照车前面的箭头指示，驾驶车辆去发货点。

车辆到达发货点，将车辆停靠在发货客户月台前方的黄色实线附近，按"T"键熄火后再按"Alt"键下车，如图 3-3-8 所示。

图 3-3-8　到达发货点

3. 签收

控制人物走到签收人员面前，根据界面提示打开托运单，勾选【回单联】，双击鼠标左键进行签收，如图 3-3-9 所示。

图 3-3-9　签收单据

4. 装车配载

切换人物角色为【装卸工】，按"Q"键取出手持 PDA，单击【进入管理系统】→【随车装卸】→【装车配载（装货）】界面。根据 PDA 跳转提示，依次扫描【派车单】→【提货单】→【集装箱号】（注：扫描单据时按序扫描正确的单据），如图 3-3-10 所示。

扫描条码时光标对准条码，按住"Alt"键同时点击鼠标左键进行扫描。扫描集装箱编号后点击【确定】按钮。然后按"Q"键收起手持 PDA。然后走近车尾，根据提示按"Alt"键进行装车。移动鼠标指向集装箱，当箭头变成绿色手形，集装箱变成黄色时，单击鼠标左键。然后拖动鼠标把集装箱放在车上，当集装箱对齐后显示为绿色单击鼠标左键放下集装箱，此时集装箱变为黄色，如图 3-3-11 所示。按"Alt"键结束装货作业。

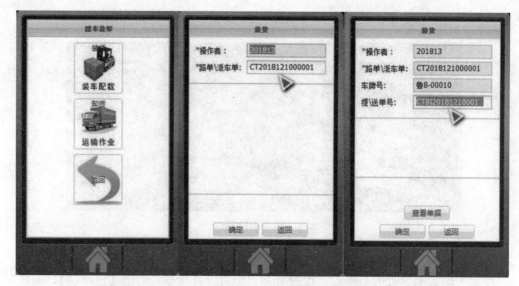

图 3-3-10　扫描单据

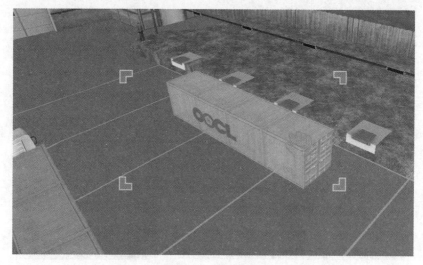

图 3-3-11　装车配载

三、运输作业

1. 送货操作

切换人物角色为【市内配送员】，控制人物重新驾驶车辆，按"N"键打开装载报告进行查看。再按"N"键收起装载报告（注：收起时鼠标箭头不能放在装载报告上）。

按"M"键打开地图，然后选择城市【青岛】→【港口】，出现导航线路。再按"M"键收起地图，按照车前面的箭头提示开往港口，停靠在蓝色的长方形框旁边，如图 3-3-12 所示。按"T"键熄火后再按"Alt"键下车。

图 3-3-12　到达港口

2. 卸货操作

切换人物角色为【装卸工】，走近车尾，根据提示按"Alt"键进入卸货模式。移动鼠标指向集装箱，当箭头变成绿色手，集装箱变成黄色时，单击鼠标左键，然后拖动鼠标把集装箱放在地面上的蓝色方框中，当蓝色框变成绿色的时候，单击鼠标左键放下集装箱，如图 3-3-13 所示。按"Alt"键结束装货作业。

图 3-3-13　卸货作业

按"Q"键取出手持 PDA，单击【进入管理系统】→【随车装卸】→【运输作业（卸货）】界面。根据手持 PDA 跳转提示，依次扫描【派车单】→【提货单】→【集装箱号】。扫描条码时光标对准条码，按住"Alt"键同时点击鼠标左键进行扫描后，扫描集装箱编号后点击【确定】按钮。然后按"Q"键收起手持 PDA。

3. 托运验货

切换人物角色为【市内配送员】，走近旁边的【托运窗口】，根据提示打开【预约单】，双击鼠标左键将预约单交给工作人员，此时等待工作人员进行验货，验货完成后出现【提示信息】，如图 3-3-14 所示。单击提示信息的【确定】按钮，出现另一个【提示信息】，并打印单据，拿起窗口打印机旁的单据，如图 3-3-15 所示。

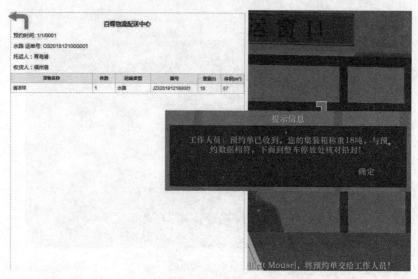

图 3-3-14　办理托运

图 3-3-15　确认验货

控制人物重新驾驶车辆，按"M"键打开地图，选择城市【青岛】→【分中心】。再按"M"键收起地图，把市内配送车辆开回分中心。

四、管理系统操作

切换城市为【福州】，再切换人物角色为【调度员】，然后按"Alt"键操作电脑，双击【管理系统】进入仓库管理系统界面。单击【调度管理】→【市内配送调度】，然后勾选【托运单】，选择车辆【40GP集装箱车】，单击【加入调度】，如图3-3-16所示。

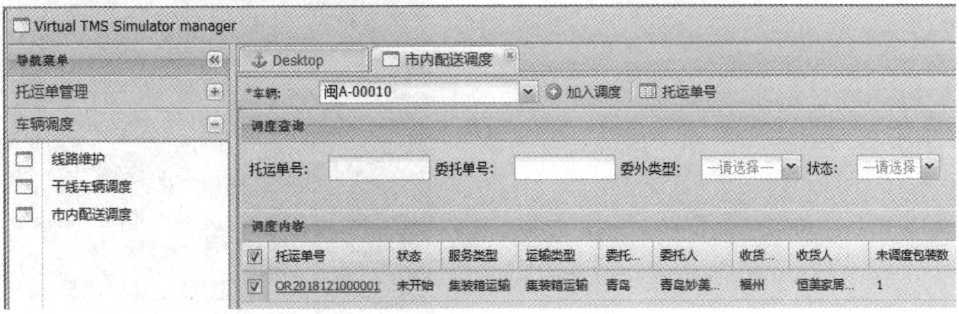

图3-3-16 市内配送调度

调度成功后，在配送调度结果界面单击【全选】选中调度结果，依次单击【提交】→
【打印单据】（不单击提交车辆上就没有导航数据），提交后状态由【配载中】变为【提
交】，如图3-3-17所示。按"Alt"键退出虚拟计算机界面，走向电脑左侧打印机旁拿起
打印的单据。

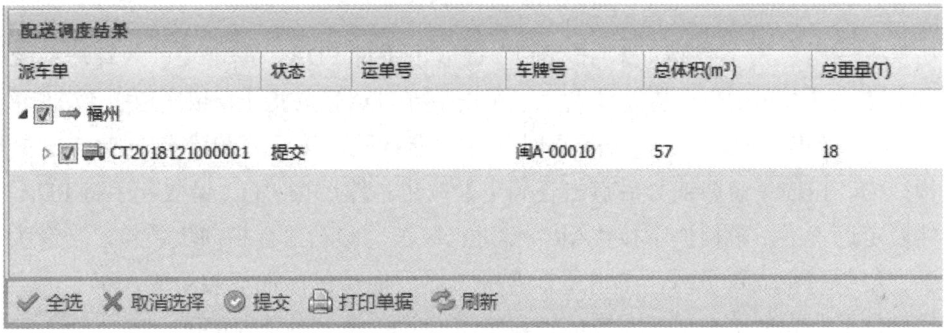

图3-3-17 打印单据

五、装车配载作业

1. 取车

切换人物角色为【市内配送员】，然后走到物流中心内的取车处，根据提示打开
【派车单】，双击鼠标左键取车。然后按"Esc"键收起单据，控制人物走到物流中心院
子里的车棚处，走近车门，根据提示按"Alt"键驾驶车辆。

2. 驾驶车辆

上车后，按"M"键打开地图，选择【福州】→【港口】。按"M"键收起地图，然
后再按"T"键发动车辆，按照车前面的箭头指示，驾驶车辆去港口。车辆到达港口后，
将车辆停靠在福州港前方的蓝色长方形框旁边，按"T"键熄火后再按"Alt"键下车。

3. 装车配载

到站后走向【提货窗口】，根据提示打开【到货通知单】，双击鼠标左键把到货通知
单交给工作人员，出现提示货物即将出库的信息，单击【确定】按钮后提示提货业务已
完成的信息，如图3-3-18所示。

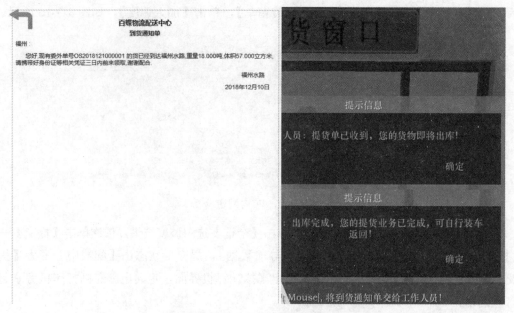

图 3-3-18　签收到货通知单

切换人物角色为【装卸工】，按"Q"键取出手持 PDA，单击【进入管理系统】→【随车装卸】→【装车配载（装货）】界面。根据手持 PDA 跳转提示，依次扫描【派车单】→【送货单】→【集装箱号】。扫描条码时光标对准条码，按住"Alt"键同时点击鼠标左键进行扫描。扫描集装箱编号后点击【确定】按钮。然后按"Q"键收起手持 PDA。

然后走近车尾，根据提示按"Alt"键进行装车。移动鼠标指向集装箱，当箭头变成绿色手，集装箱变成黄色时，单击鼠标左键，然后拖动鼠标把集装箱放在车上，当集装箱与绿色位置对齐后单击鼠标左键放下集装箱，此时集装箱变为黄色。按"Alt"键结束装货作业。

六、运输作业

1. 送货操作

切换人物角色为【市内配送员】，控制人物重新驾驶车辆，按"N"键打开装载报告进行查看。再按"N"键收起装载报告，收起时鼠标箭头不能放在装载报告上。

按"M"键打开地图，然后选择城市【福州】→【收货点】，出现导航线路。再按"M"键收起地图，按照车前面的箭头提示开往收货点，停靠在收货月台前的黄色框内。按"T"键熄火后再按"Alt"键下车。

2. 卸货操作

切换人物角色为【装卸工】，然后走近车尾，根据提示按"Alt"键进入卸货模式。移动鼠标指向集装箱，当箭头变成绿色手时，单击鼠标左键，然后拖动鼠标把集装箱放在地面上的蓝色方框中，当蓝色框变成绿色的时候，单击鼠标左键放下集装箱，如图 3-3-19 所示。按"Alt"键结束装货作业。

图 3-3-19 货物送达

再按"Q"键取出手持 PDA，单击【进入管理系统】→【随车装卸】→【运输作业（卸货）】界面。根据手持 PDA 跳转提示，依次扫描【派车单】→【送货单】→【集装箱号】。扫描条码时打开单据，扫描集装箱编号后点击【确定】按钮。然后按"Q"键收起手持 PDA。

3. 客户确认签收

走向签收人员，根据界面提示打开托运单，勾选【客户联】，双击鼠标左键进行签收，如图 3-3-20 所示。

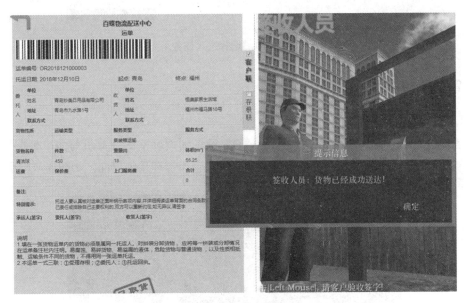

图 3-3-20 客户签收

切换人物角色为【市内配送员】，控制人物重新驾驶车辆，按"M"键打开地图，选择城市【福州】→【分中心】。再按"M"键收起地图，把市内配送车辆开回分中心。

实验项目 4：航空货物运输作业流程

【实验任务】运用虚拟仿真软件完成航空货物运输的受理、审核、调度、运输、签收和装卸作业等，熟悉航空货物运输作业流程。

选择【项目一　运输作业方案设计与实施】→【子项目五　航空货物运输作业方案设计与实施】→【任务二　航空货物运输作业方案实施】；单击【进入仿真实验】。作业岗位选择【调度员】，选择城市【广州】，进入 3D 模拟场景，如图 3-4-1 所示。

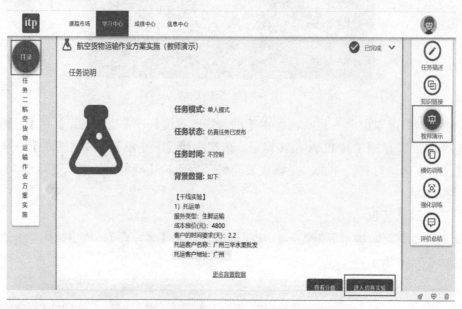

图 3-4-1　选择进入任务

一、管理系统操作

1. 进入运输管理系统

通过按"W"键、"S"键、"A"键、"D"键走到调度室的计算机前面，根据提示按"Alt"键操作虚拟计算机，双击【管理系统】进入仓库管理系统界面，如图 3-4-2 所示。

图 3-4-2　虚拟计算机界面

2. 托运单管理

单击【托运单管理】→【托运单录入】，勾选【托运单】，单击【分配】，状态显示为分配完成，再单击【提交】，如图 3-4-3 所示。按"Alt"键退出虚拟计算机界面。

图 3-4-3　提交托运单

3. 委外预约

切换城市至总部城市上海，然后按"Alt"键进入上海的虚拟计算机界面，打开管理系统，进入【委外预约】→【航空预约】界面，单击【创建预约单】。

查看任务数据中托运客户和收货客户所在的城市，在发货人后面的检索标志中选择【广州航空站】，再在收货方的检索标志中选择【兰州航空站】，然后勾选托运单，单击【保存】按钮，最后单击【列表】，返回委外预约的主界面，如图 3-4-4 所示。

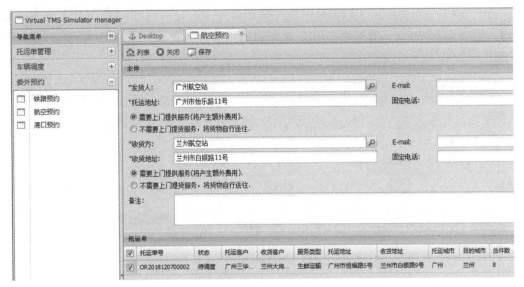

图 3-4-4　保存预约单

勾选【预约单】，然后单击【提交发布】，如图 3-4-5 所示。

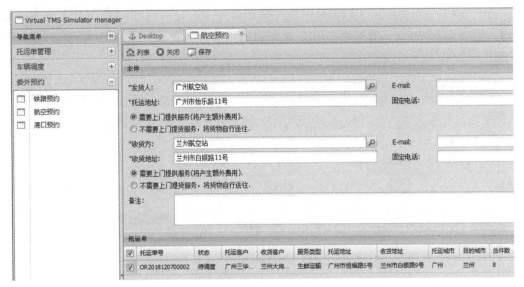

图 3-4-5　提交预约单

4. 市内配送调度

切换城市至广州，然后按"Alt"键操作电脑，进入【车辆调度】→【市内配送调度】，然后勾选【托运单】，选择调度车辆，单击【加入调度】，如图 3-4-6 所示。

图 3-4-6　市内配送调度

调度成功后，在配送调度结果界面单击【全选】选中调度结果，依次单击【提交】→【打印单据】（不单击提交车辆上就没有导航数据），提交后状态由【配载中】变成【提交】，如图 3-4-7 所示。最后按"Alt"键退出虚拟计算机界面，走向电脑左侧打印机旁拿起打印的单据。

图 3-4-7　打印单据

二、装车配载作业

1. 取车

切换人物角色为【市内配送员】，然后走到物流中心内的取车处，根据提示打开【派车单】，双击鼠标左键取车。然后按"Esc"键收起单据，控制人物走到物流中心院子里的车棚处，可见冷藏车。走近车门，根据提示按"Alt"键驾驶车辆，会提示车辆项目检查，根据托运货物的属性，勾选对应的项目，单击【确定】，跳出运输车辆检查完毕的提示信息，如图 3-4-8 所示。但如果勾选不全或者勾选错误时，提示正确选项信息，如图 3-4-9 所示，再根据提示信息重新勾选，单击【确定】按钮。

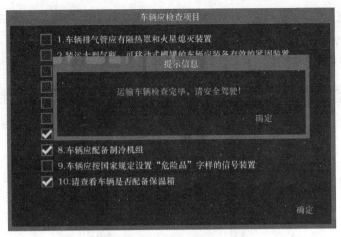

图 3-4-8 车辆检查

图 3-4-9 提示正确选项信息

2. 驾驶车辆

上车后，按"M"键打开地图，选择【广州】→【发货点】。按"M"键收起地图，然后再按"T"键发动车辆，按照车前面的箭头指示，驾驶车辆去发货点。

车辆到达发货点，将车辆停靠在发货客户月台前方的黄色实线内后，按"T"键熄火后再按"Alt"键下车，如图 3-4-10 所示。

图 3-4-10 到达发货点

3. 签收

控制人物走到签收人员面前，根据界面提示打开托运单，勾选【回单联】，双击鼠标左键进行签收。

4. 装车配载

切换人物角色为【装卸工】，按"Q"键取出手持 PDA，单击【进入管理系统】→

【随车装卸】→【装车配载（装货）】界面。根据手持 PDA 跳转提示，依次扫描【派车单】→【提货单】→【包装条码】，如图 3-4-11 所示。扫描条码时光标对准条码，按住"Alt"键同时点击鼠标左键进行扫描，扫描完所有包装条码后，按"Q"键收起手持 PDA。

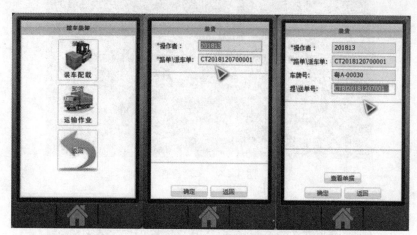

图 3-4-11　扫描单据

然后走近车尾，按键盘上"↓"键打开车门，根据提示按"Alt"键进行装车。移动鼠标指向包装箱，当箭头变成绿色手，包装箱变成黄色时，单击鼠标左键，然后拖动鼠标把包装箱放在车上，当位置对齐后包装箱变为绿色，单击鼠标左键放下，如图 3-4-12 所示。按"Alt"键结束装卸作业。

图 3-4-12　装车配载

三、运输作业

1. 送货操作

切换人物角色为【市内配送员】，控制人物重新驾驶车辆，按"N"键打开装载报告进行查看。再按"N"键收起装载报告，收起时鼠标箭头不能放在装载报告上。按"M"键打开地图，然后选择城市【广州】→【航空港】，出现导航线路。再按"M"键收起地图，再按"T"键发动车辆后按照车前面的箭头提示开往广州航空港，停靠在蓝色的长方形框旁边，如图 3-4-13 所示。按"T"键熄火后再按"Alt"键下车。

图 3-4-13 到达航空港

2. 卸货操作

切换人物角色为【装卸工】，然后走近车尾，按"↓"键打开车门，再根据提示按 "Alt"键进入卸货模式。移动鼠标指向包装箱，此时鼠标箭头变成绿色手，包装箱变为黄色，然后单击鼠标左键，拖动鼠标把包装箱放在地面上的蓝色长方形框中，当蓝色变成黄色时单击鼠标左键放下包装箱，当所有包装箱都卸载完成时，黄色长方形框变为绿色，如图 3-4-14 所示。最后按"Alt"键结束装货作业，按"↑"键关闭车门。

图 3-4-14 卸货完成

按"Q"键取出手持 PDA，单击【进入管理系统】→【随车装卸】→【运输作业（卸货）】界面。根据 PDA 跳转提示，依次扫描【派车单】→【提货单】→【包装条码】，按照装车配载的方法依次扫描完派车单、提货单和对应的所有包装编号，然后按 "Q"键收起手持 PDA。

3. 托运验货

切换人物角色为【市内配送员】，走近旁边的【托运窗口】，根据提示打开【预约单】，双击鼠标左键将预约单交给工作人员，如图 3-4-15 所示。此时等待工作人员进行验货，验货完成后出现【提示信息】，单击确认后打印出单据，然后拿起窗口打印机旁的单据，如图 3-4-16 所示。

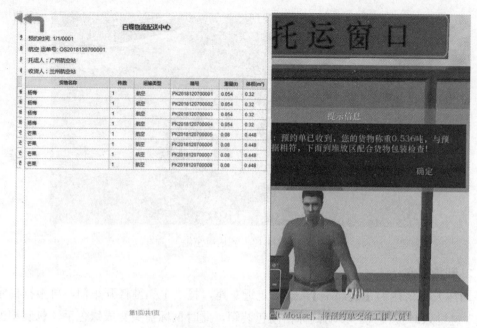

图 3-4-15　办理托运

图 3-4-16　确认验货

控制人物重新驾驶车辆，按"M"键打开地图，选择城市【广州】→【分中心】。再按"M"键收起地图，把市内配送车辆开回分中心。

四、管理系统操作

切换城市为【兰州】，再切换人物角色为【调度员】，然后按"Alt"键操作电脑，双击【管理系统】进入仓库管理系统界面。单击【车辆调度】→【市内配送调度】，然后勾选【托运单】，选择调度车辆，单击【加入调度】，如图 3-4-17 所示。

图 3-4-17 市内配送调度

调度成功后，在配送调度结果界面单击【全选】选中调度结果，依次单击【提交】→【打印单据】（不单击提交车辆上就没有导航数据），提交后状态显示为【提交】，如图 3-4-18 所示。按"Alt"键退出虚拟计算机界面，走向电脑左侧打印机旁拿起打印的单据。

图 3-4-18 打印单据

五、装车配载作业

1. 取车

切换人物角色为【市内配送员】，然后走到物流中心内的取车处，根据提示打开【派车单】，双击鼠标左键取车。然后按"Esc"键收起单据，控制人物走到物流中心院子里的车棚处，可见冷藏车。走近车门，根据提示按"Alt"键驾驶车辆，会提示车辆项目检查，根据托运货物的属性，勾选对应的项目（勾选项目参考广州取车的项目），单击【确定】，跳出运输车辆检查完毕的提示信息。

2. 驾驶车辆

上车后，按"M"键打开地图，选择【兰州】→【航空港】。按"M"键收起地图，然后再按"T"键发动车辆，按照车前面的箭头指示，驾驶车辆去兰州航空港。车辆到达兰州航空港，将车辆停靠在机场前方的蓝色长方形框旁边，按"T"键熄火后再按"Alt"键下车。

3. 装车配载

到站后走向【提货窗口】，根据提示打开【到货通知单】，双击鼠标左键把到货通知单交给工作人员，出现提示货物即将出库的信息，单击确定后提示提货业务已完成的信息，如图 3-4-19 所示。

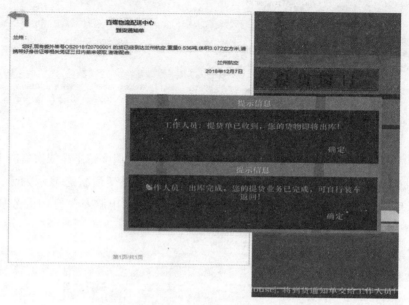

图 3-4-19　签收到货通知单

切换人物角色为【装卸工】，按"Q"键取出手持 PDA，单击【进入管理系统】→【随车装卸】→【装车配载（装货）】界面。根据手持 PDA 跳转提示，依次扫描【派车单】→【送货单】→【包装编号】。扫描【甘－00030】的派车单，再扫描送货单，扫描此送货单的货物。扫描完成后手持 PDA 界面自动跳转至扫描派车单，完成后按"Q"键收起手持 PDA。走近车尾，按"↓"键打开车门，根据提示按"Alt"键进行装车。移动鼠标指向包装箱，当箭头变成绿色手时，单击鼠标左键搬起货物，然后拖动鼠标放在车厢内，找准位置后货物显示为绿色，单击鼠标左键放下货物。再按"Alt"键结束装货作业，按"↑"键关闭车门。

六、运输作业

1. 送货操作

切换人物角色为【市内配送员】，控制人物重新驾驶车辆，按"N"键打开装载报告进行查看。再按"N"键收起装载报告，收起时鼠标箭头不能放在装载报告上。

按"M"键打开地图，然后选择城市【兰州】→【收货点】，出现导航线路。再按"M"键收起地图，按照车前面的箭头提示开往收货点，停靠在收货月台前的黄色框内。按"T"键熄火后再按"Alt"键下车，根据提示按"Alt"键驾驶车辆，会提示车辆项目检查，根据托运货物的属性，勾选对应的项目，单击【确定】，跳出运输车辆检查完毕的提示信息，如图 3-4-20 所示。但如果勾选不全或者勾选错误时，提示正确选项信息，如图 3-4-21 所示，再根据提示信息重新勾选，单击【确定】按钮。

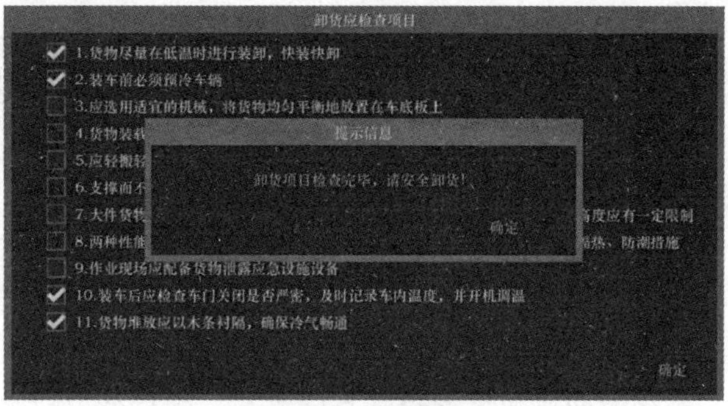

图 3-4-20 车辆检查

图 3-4-21 提示正确选项信息

2. 卸货操作

切换人物角色为【装卸工】，然后走近车尾按"↓"键打开车后门，最后按"Alt"键进入卸货模式。移动鼠标指向包装箱，当箭头变成绿色手时，单击鼠标左键，然后拖动鼠标把包装箱放在地面上的蓝色方框中，当蓝色框变成黄色的时候，单击鼠标左键放下包装箱，当所有货物卸载完成后黄色框变为绿色。然后按"Alt"键结束装货作业。

再按"Q"键取出手持 PDA，单击【进入管理系统】→【随车装卸】→【运输作业（卸货）】界面。根据手持 PDA 跳转提示，依次扫描【派车单】→【送货单】→【包装编号】。扫描完单据后扫描客户对应的所有包装箱编号，然后按"Q"键收起手持 PDA。

3. 客户确认签收

走向签收人员，根据界面提示打开托运单，勾选【客户联】，双击鼠标左键进行签收，如图 3-4-22 所示。

图 3-4-22 客户签收

切换角色为【市内配送员】，控制人物重新驾驶车辆，按"M"键打开地图，选择城市【兰州】→【分中心】。再按"M"键收起地图，把市内配送车辆开回分中心。

实验项目5：多式联运运输作业优化方案设计与实施

【实验任务】运用虚拟仿真运营管理软件完成多式联运运输的托运、审核、装车、调度、运输和交接等基本业务流程，组织完成货物的全程运输；

选择【多式联运运输作业优化方案设计与实施】→【任务二 多式联运运输作业优化方案实施】；单击【进入仿真实验】。作业岗位选择【调度员】，选择城市【北京】，进入3D模拟场景，如图3-5-1所示。

图3-5-1 进入任务

一、管理系统操作

1.进入运输管理系统

通过按"W"键、"S"键、"A"键、"D"键走到调度室的计算机前面，根据提示按"Alt"键操作虚拟计算机，双击【管理系统】进入仓库管理系统界面。

2.托运单管理

单击【托运单管理】→【托运单录入】，勾选【托运单】，单击【分配】，状态显示为分配完成，再单击【提交】，如图3-5-2所示。按"Alt"键退出虚拟计算机界面。

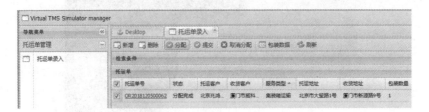

图3-5-2 提交托运单

3. 委外预约

切换城市至总部城市上海，然后按"Alt"键进入上海的虚拟计算机界面，打开管理系统，进入【委外预约】→【铁路预约】界面，单击【创建预约单】，如图 3-5-3 所示。

图 3-5-3　创建预约单

查看方案模板中设计的结果，可知托运客户和收货客户所在的城市，在发货人后面的检索标志中选择【北京火车站】，再在收货方的检索标志中选择【天津火车站】，然后勾选托运单，单击【保存】按钮，最后单击【列表】，返回委外预约的主界面，如图 3-5-4 所示。

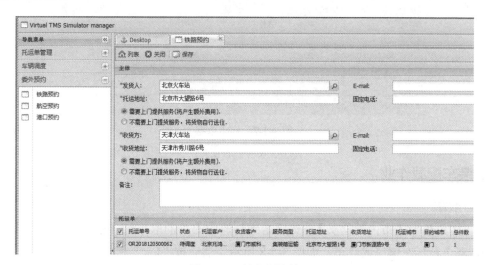

图 3-5-4　保存预约单

勾选【铁路托运单】，然后单击【提交发布】，如图 3-5-5 所示。

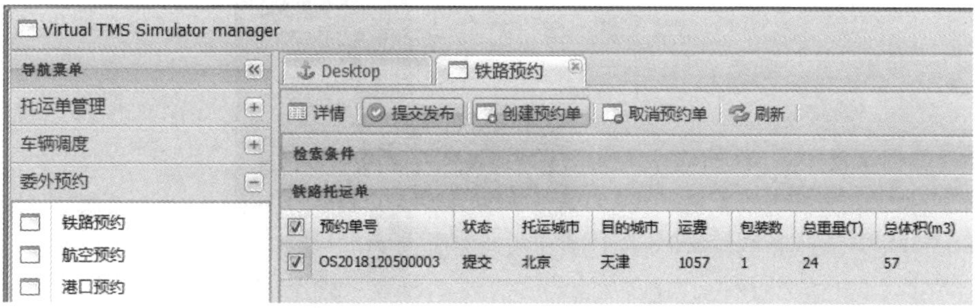

图 3-5-5　提交铁路托运单

4.市内配送调度

切换城市至北京，然后按"Alt"键操作电脑，进入【车辆调度】→【市内配送调度】→【配送调度】，然后勾选【托运单号】，选择车辆【40GP 集装箱车】（容积为 57m^3），单击【加入调度】，如图 3-5-6 所示。

图 3-5-6　市内配送调度

调度成功后，在配送调度结果界面单击【全选】选中调度结果，依次单击【提交】→【打印单据】（不单击提交车辆上就没有导航数据），提交后状态由【配载中】变成【提交】，如图 3-5-7 所示。按"Alt"键退出退出虚拟计算机界面，走向电脑左侧打印机旁拿起打印的所有单据。

图 3-5-7　打印单据

二、装车配载作业

1.取车

切换角色为【市内配送员】，然后走到物流中心内的取车处，根据提示打开【派车单】，双击鼠标左键完成取车，如图 3-5-8 所示。然后按"Esc"键收起单据。

图 3-5-8　取车

2. 驾驶车辆

上车后，按"M"键打开地图，选择【北京】→【发货点】。按"M"键收起地图，然后再按"T"键发动车辆，按照车前面的箭头指示，驾驶车辆去发货点。车辆到达发货点，将车辆停靠在发货客户月台前方的黄色实线旁边后，按"T"键熄火后再按"Alt"键下车。

3. 签收

控制人物走到签收人员面前，根据界面提示打开托运单，勾选【回单联】，双击鼠标左键进行签收，如图3-5-9所示。

图3-5-9 签收单据

4. 装车配载

切换人物角色为【装卸工】，按"Q"键取出手持PDA，单击【进入管理系统】→【随车装卸】→【装车配载（装货）】界面。根据手持PDA跳转提示，依次扫描【派车单】→【提货单】→【集装箱号】（注：扫描单据时按序扫描正确的单据），如图3-5-10所示。

图3-5-10 扫描单据

扫描条码时光标对准条码，按住"Alt"键同时点击鼠标左键进行扫描，如图 3-5-11 所示。然后按"Q"键收起手持 PDA。

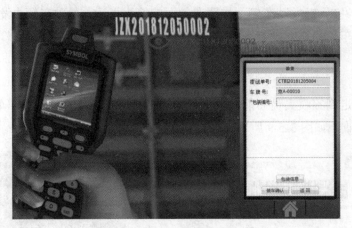

图 3-5-11　扫描集装箱号

走近车尾，按"Alt"键进行装车。移动鼠标指向集装箱，当箭头变成绿色手，集装箱变成黄色时，单击鼠标左键，然后拖动鼠标把集装箱放在车上，当位置对齐后单击鼠标左键放下集装箱，此时集装箱变为绿色，如图 3-5-12 所示。按"Alt"键结束装卸作业。

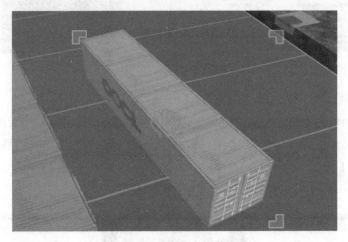

图 3-5-12　装车配载

三、运输作业

1. 送货操作

切换人物角色为【市内配送员】，控制人物重新驾驶车辆，按"N"键打开装载报告进行查看。再按"N"键收起装载报告，收起时鼠标箭头不能放在装载报告上。按"M"键打开地图，然后选择城市【北京】→【火车站】，出现导航线路。再按"M"键收起地图，按照车前面的箭头提示开往火车站，停靠在蓝色的长方形框旁边，如图 3-5-13 所示。按"T"键熄火后再按"Alt"键下车。

图 3-5-13　到达火车站

2. 卸货操作

切换人物角色为【装卸工】，走近车尾，根据提示按"Alt"键进入卸货模式。移动鼠标指向集装箱，当箭头变成绿色手，集装箱变成黄色时，单击鼠标左键，然后拖动鼠标把集装箱放在地面上的蓝色长方形框中，当蓝色长方形框变成黄色的时候，单击鼠标左键放下集装箱，如图 3-5-14 所示。按"Alt"键结束装卸作业。

图 3-5-14　卸货作业

走近车尾，按"Q"键取出手持 PDA，单击【进入管理系统】→【随车装卸】→【运输作业（卸货）】界面。根据 PDA 跳转提示，依次扫描【派车单】→【提货单】→【集装箱号】，如图 3-5-15 所示。然后按"Q"键收起手持 PDA。

图 3-5-15　扫描单据

3. 托运验货

切换人物角色为【市内配送员】，走近旁边的【托运窗口】，根据提示打开【预约单】，双击鼠标左键将预约单交给工作人员，此时等待工作人员进行验货，验货完成后出现【提示信息】，如图 3-5-16 所示。单击提示信息的【确定】按钮，出现另一个【提示信息】，并打印单据，拿起窗口打印机旁的单据。

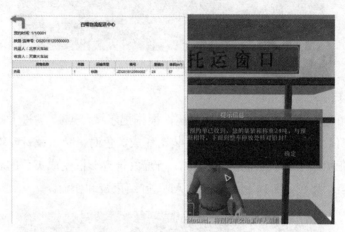

图 3-5-16　办理托运

控制人物重新驾驶车辆，按"M"键打开地图，选择城市【北京】→【分中心】。再按"M"键收起地图，把市内配送车辆开回分中心。

四、管理系统操作

1. 委外预约

切换城市至总部城市上海，然后按"Alt"键进入上海的虚拟计算机界面，打开管理系统，进入【委外预约】→【港口预约】界面，单击【创建预约单】。

查看方案模板中设计的结果，可知托运客户和收货客户所在的城市，在发货人后面的检索标志中选择【天津港】，再在收货方的检索标志中选择【厦门港】，然后勾选托运单，单击【保存】按钮，最后单击【列表】，返回委外预约的主界面，如图 3-5-17 所示。

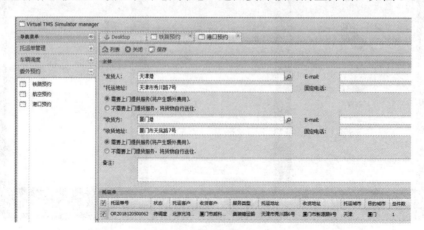

图 3-5-17　保存预约单

勾选【铁路托运单】，然后单击【提交发布】，如图 3-5-18 所示。

图 3-5-18 提交铁路托运单

2. 市内配送调度

切换城市为【天津】，然后按"Alt"键操作电脑，双击【管理系统】进入仓库管理系统界面。进入【车辆调度】→【市内配送调度】→【配送调度】，然后勾选【托运单号】，选择车辆【40GP 集装箱车】（容积为 57m³），单击【加入调度】，如图 3-5-19 所示。

图 3-5-19 市内配送调度

调度成功后，在配送调度结果界面单击【全选】选中调度结果，依次单击【提交】→【打印单据】（不单击提交车辆上就没有导航数据），提交后状态由【配载中】变成【提交】，如图 3-5-20 所示。按"Alt"键退出虚拟计算机界面，走向电脑左侧打印机旁拿起打印的所有单据。

图 3-5-20 打印单据

五、装车配载作业（天津）

1. 取车

切换人物角色为【市内配送员】，然后走到物流中心内的取车处，根据提示打开

【派车单】，双击鼠标左键取车。然后按"Esc"键收起单据，控制人物走到物流中心院子里的车棚处，走近车门，根据提示按"Alt"键驾驶车辆。

2. 驾驶车辆

上车后，按"M"键打开地图，选择【天津】→【火车站】。按"M"键收起地图，然后再按"T"键发动车辆，按照车前面的箭头指示，驾驶车辆去火车站。车辆到达火车站后，将车辆停靠在火车站前方的蓝色长方形框旁边，按"T"键熄火后再按"Alt"键下车。

3. 装车配载

到站后走向【提货窗口】，根据提示打开【到货通知单】，双击鼠标左键把到货通知单交给工作人员，出现提示货物即将出库的信息，单击确定后提示提货业务已完成的信息，如图 3-5-21 所示。

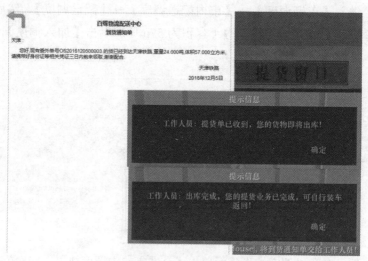

图 3-5-21　签收到货通知单

切换人物角色为【装卸工】，按"Q"键取出手持 PDA，单击【进入管理系统】→【随车装卸】→【装车配载（装货）】界面。根据 PDA 跳转提示，依次扫描【派车单】→【提货单】→【集装箱号】（注：扫描单据时按序扫描正确的单据）。扫描条码时光标对准条码，按住"Alt"键同时点击鼠标左键进行扫描。然后按"Q"键收起手持 PDA。

然后走近车尾，根据提示按"Alt"键进行装车。移动鼠标指向集装箱，当箭头变成绿色手，集装箱变成黄色时，单击鼠标左键，然后拖动鼠标把集装箱放在车上，当位置对齐后单击鼠标左键放下集装箱，此时集装箱变为绿色。按"Alt"键结束装货作业。

六、运输作业（天津）

1. 送货操作

切换人物角色为【市内配送员】，控制人物重新驾驶车辆，按"N"键打开装载报告进行查看。再按"N"键收起装载报告，收起时鼠标箭头不能放在装载报告上。按"M"键打开地图，然后选择城市【天津】→【港口】，出现导航线路。再按"M"键收起地图，按照车前面的箭头提示开往天津港，停靠在天津港前的蓝色框旁边，如图 3-5-22 所示。按"T"键熄火后再按"Alt"键下车。

图 3-5-22　到达收货点

2. 卸货操作

切换人物角色为【装卸工】，然后走近车尾，根据提示按"Alt"键进入卸货模式。移动鼠标指向集装箱，当箭头变成绿色手，集装箱变成黄色时，单击鼠标左键，然后拖动鼠标把集装箱放在地面上的蓝色方框中，当蓝色框变成绿色的时候，单击鼠标左键放下集装箱。按"Alt"键结束装货作业。

再按"Q"键取出手持 PDA，单击【进入管理系统】→【随车装卸】→【运输作业（卸货）】界面。根据 PDA 跳转提示，依次扫描【派车单】→【提货单】→【集装箱号】（注：扫描单据时按序扫描正确的单据）。扫描条码时光标对准条码，按住"Alt"键同时点击鼠标左键进行扫描。然后按"Q"键收起手持 PDA。

3. 托运验货

切换人物角色为【市内配送员】，走近旁边的【托运窗口】，根据提示打开【预约单】，双击鼠标左键将预约单交给工作人员，此时等待工作人员进行验货，验货完成后出现【提示信息】，如图 3-5-23 所示。单击提示信息的【确定】按钮，出现另一个【提示信息】，并打印单据。

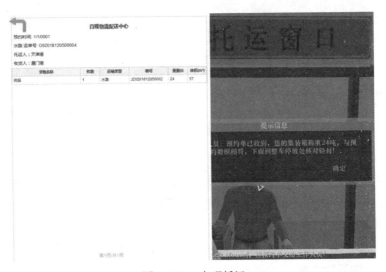

图 3-5-23　办理托运

控制人物重新驾驶车辆，按"M"键打开地图，选择城市【天津】→【分中心】。再按"M"键收起地图，把市内配送车辆开回分中心。

七、管理系统操作

切换人物角色为【调度员】，切换城市为【厦门】，然后按"Alt"键操作电脑，双击【管理系统】进入仓库管理系统界面。进入【车辆调度】→【市内配送调度】→【配送调度】，然后勾选【托运单号】，选择车辆【40GP 集装箱车】（容积为 57m³），单击【加入调度】，如图 3-5-24 所示。

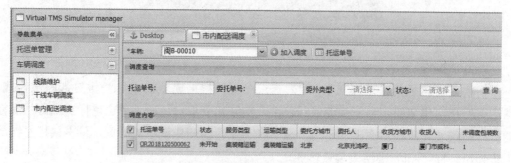

图 3-5-24　市内配送调度

调度成功后，在配送调度结果界面单击【全选】选中调度结果，依次单击【提交】→【打印单据】（不单击提交车辆上就没有导航数据），提交后状态由【配载中】变成【提交】，如图 3-5-25 所示。按"Alt"键退出虚拟计算机界面，走向电脑左侧打印机旁拿起打印的所有单据。

图 3-5-25　打印单据

八、装车配载作业（厦门）

1. 取车

切换人物角色为【市内配送员】，走到物流中心内的取车处，根据提示打开【派车单】，双击鼠标左键取车。然后按"Esc"键收起单据，控制人物走到物流中心院子里的车棚处，走近车门，根据提示按"Alt"键驾驶车辆。

2. 驾驶车辆

上车后，按"M"键打开地图，选择【厦门】→【港口】。按"M"键收起地图，然后再按"T"键发动车辆，按照车前面的箭头指示，驾驶车辆去厦门港。车辆到达厦门港后，将车辆停靠在厦门港前方的蓝色长方形框旁边，按"T"键熄火后再按"Alt"键下车。

3. 装车配载

到站后走向【提货窗口】，根据提示打开【到货通知单】，双击鼠标左键把到货通知单交给工作人员，出现提示货物即将出库的信息，单击确定后提示提货业务已完成的信息，如图 3-5-26 所示。

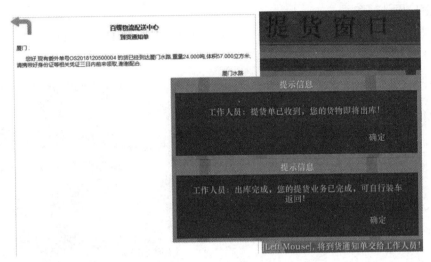

图 3-5-26 签收到货通知单

切换人物角色为【装卸工】，按"Q"键取出手持 PDA，单击【进入管理系统】→【随车装卸】→【装车配载（装货）】界面。根据手持 PDA 跳转提示，依次扫描【派车单】→【提货单】→【集装箱号】。扫描条码时光标对准条码，按住"Alt"键同时点击鼠标左键进行扫描。然后按"Q"键收起手持 PDA。

然后走近车尾，根据提示按"Alt"键进行装车。移动鼠标指向集装箱，当箭头变成绿色手形，集装箱变成黄色时，单击鼠标左键，然后拖动鼠标把集装箱放在车上，当位置对齐后单击鼠标左键放下集装箱，此时集装箱变为绿色。按"Alt"键结束装货作业。

九、运输作业（厦门）

1. 送货操作

切换人物角色为【市内配送员】，控制人物重新驾驶车辆，按"N"键打开装载报告进行查看。再按"N"键收起装载报告，收起时鼠标箭头不能放在装载报告上。

按"M"键打开地图，然后选择城市【厦门】→【收货点】，出现导航线路。再按"M"键收起地图，按照车前面的箭头提示开往收货点，停靠在收货点前的黄色框旁边。按"T"键熄火后再按"Alt"键下车。

2. 卸货操作

切换人物角色为【装卸工】，然后走近车尾，根据提示按"Alt"键进入卸货模式。移动鼠标指向集装箱，当箭头变成绿色手形，集装箱变成黄色时，单击鼠标左键，然后拖动鼠标把集装箱放在地面上的蓝色方框中，当蓝色框变成绿色时，单击鼠标左键放下集装箱。按"Alt"键结束装货作业。

再按"Q"键取出手持PDA，单击【进入管理系统】→【随车装卸】→【运输作业（卸货）】界面。根据PDA跳转提示，依次扫描【派车单】→【提货单】→【集装箱号】。扫描条码时光标对准条码，按住"Alt"键同时点击鼠标左键进行扫描。按"Q"键收起手持PDA。

3. 客户确认签收

走向签收人员，根据提示打开托运单，勾选【客户联】，双击鼠标左键签收，如图3-5-27所示。

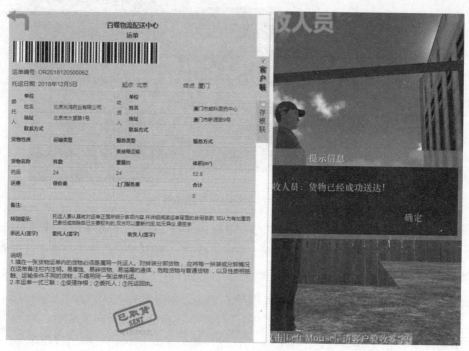

图 3-5-27 客户签收

切换角色为【市内配送员】，控制人物重新驾驶车辆，按"M"键打开地图，选择城市【厦门】→【分中心】。再按"M"键收起地图，把市内配送车辆开回分中心。

第四章
物流配送中心作业流程

【实验目标】

1. 能够根据项目任务书的要求设计完整的配送作业计划方案；
2. 能够根据客户要求、设计小件货物车辆的配载方案；
3. 能够编制送货作业计划，能够在计划的实施中进行优化调度安排；
4. 掌握配送的作业操作流程。

实验项目1：货物配送作业方案实施

【实验任务】根据配送任务，选择不同的配送线路，完成货物配送作业流程，达到节省时间、缩短运行距离和减少运行费用的目的。

选择课程【项目一　货物配送作业方案设计与实施】→【子项目二　货物配送作业方案设计与实施】，单击【进入任务】，作业岗位下拉菜单中单击选择【调度员】角色，进入 3D 模拟场景，如图 4-1-1 所示。

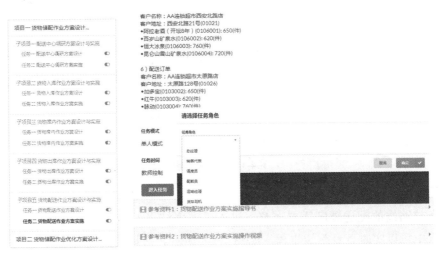

图 4-1-1　选择任务

一、管理系统操作

1. 进入配送管理系统

按"Alt"键操作虚拟电脑，单击【管理系统】进入配送管理系统界面。

2. 分配笼车

单击【订单管理】→【配送订单】，勾选所有订单前面的复选框后，单击【分配笼车】，如图 4-1-2 所示。

图 4-1-2　分配笼车

3. 车辆分配

单击【配送管理】→【车辆分配】，根据理论知识中介绍的节约里程法进行计算，然后根据计算结果进行车辆调度。单击【车辆分配】→【运输距离矩阵】→【导出Excel】，勾选地址序号 A、B、F，然后单击【选择车辆】和【出库月台】之后，单击【加入调度】，如图 4-1-3 所示，同样方法按照 D、C、E 顺序分配车辆。

图 4-1-3　分配车辆

4. 调度结果调整

如当前路线的配送顺序需要调整，进入【调度结果调整】页面进行调整，在右侧的地图栏中可以实时查看路线里程，如图 4-1-4 所示。选择需要调整的地点，然后进行

【上移】或【下移】操作，调整完毕后单击【送货顺序】刷新，如图 4-1-5 所示，若对当前调度结果不满意，需要重新调度可选中相应订单，可单击【撤销】按钮进行操作。

图 4-1-4　调度结果调整

图 4-1-5　送货顺序

5. 提交调度信息

勾选调度车辆信息前面的复选框，单击【保存调度】，再次勾选订单，单击【提交】和【打印派车单和送货单】，如图 4-1-6 所示。

	车辆	车辆属性	路线	状态	月台	订单数	已调度笼车数	最大笼车数
☑	沪A00001	自有车辆	查看路线	调度中	出库月台1	3	7	8
☑	沪A00002	自有车辆	查看路线	调度中	出库月台2	3	7	8

💾 保存调度　◎ 提交　🖨 打印派车单和送货单　🔄 刷新

图 4-1-6　提交调度结果

6. 发送导航数据

勾选其中一个订单，单击左边图片上的【发送导航数据】，并在弹出来的提示框上单击【确定】，如图 4-1-7 所示。用同样的方法给另一车辆发送导航数据。

107

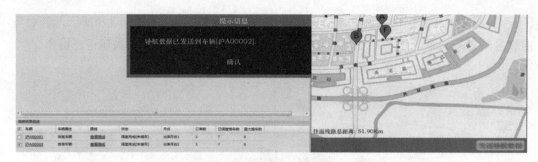

图 4-1-7　发送导航数据

7. 取单据

按"Alt"键离开电脑来到电脑旁边的打印机旁拿起单据，如图 4-1-8 所示。

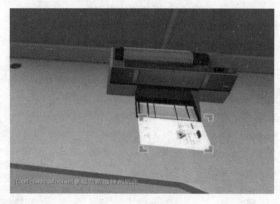

图 4-1-8　取单据

二、装车配载作业

1. 装车配载操作

切换角色为【配载员】，来到出库月台的车辆前，鼠标指向车后门，按"↓"键打开车门，按"Q"键取出手持终端，单击【管理系统】→【装车配载】模块，如图 4-1-9 所示。界面提示扫描派车单号，扫描完派车单后，界面跳转至装车配载，勾选序号"3"（装车顺序为配送的反顺序），然后单击【执行作业】，如图 4-1-10 所示。

图 4-1-9　选择装车配载功能

图 4-1-10 装车手持 PDA 系统操作

2. 扫描笼车号

根据界面提示依次扫描笼车编号，如图 4-1-11 所示。扫描完成后，界面自动跳转到之前的装车配载界面，勾选序号"2"并单击【执行作业】，如图 4-1-12 所示。用同样的方法扫描笼车号，直至所有笼车扫描完且推至车上，并单击【装车完成】，如图 4-1-13 所示。用同样的方法装载另一车辆。

图 4-1-11 扫描笼车编号

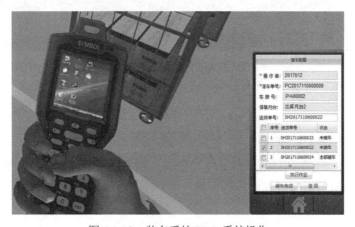

图 4-1-12 装车手持 PDA 系统操作

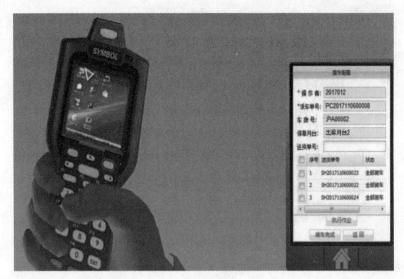

图 4-1-13　装车完成

3. 笼车装车

扫描完笼车号，把笼车按扫描的先后顺序装上车上（扫描完一单即装车一单），如图 4-1-14 所示。

图 4-1-14　笼车装车

三、配送作业

1. 送货操作

装车完成后，按"↑"键关上车门，切换人物角色【货车司机】，按"Alt"键进入驾驶舱内，按"M"键打开导航地图，按"T"键启动车辆，根据导航路线开往"1"号送货地址，如图 4-1-15 所示。

图 4-1-15　查看导航地图

2.卸货操作

车辆到达送货地后，下车，按"↓"键打开车门，核对笼车信息，将笼车卸载并至签收人员旁的圆圈中，如图 4-1-16 所示。按"Q"键取出手持 PDA，进入【管理系统】→【运输作业】模块，如图 4-1-17 所示。根据提示扫描派车单，扫描完成后，根据界面显示，单击【进入】，如图 4-1-18 所示。单击进入之后，勾选序号"1"并单击【执行作业】，如图 4-1-19 所示。根据提示依次扫描笼车号，如图 4-1-20 所示。

图 4-1-16　货物送达

图 4-1-17　选择运输作业功能

111

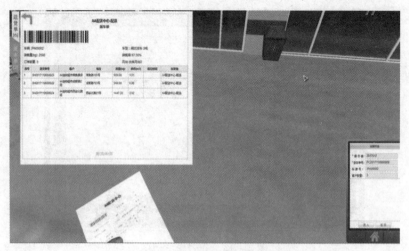

图 4-1-18　手持 PDA 系统卸货操作

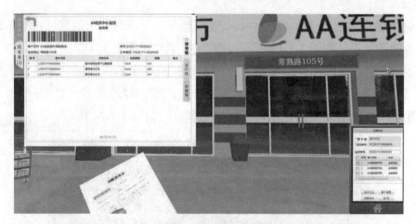

图 4-1-19　选择卸货订单

图 4-1-20　扫描笼车编号

3. 客户确认签收

走向签收人员，打开配送单，勾选客户联，双击鼠标左键确认签收，在手持 PDA

界面上也单击【确认签收】，如图 4-1-21 所示；同样方法，根据导航路线，派送另外两个客户的货物，待所有货物配送完成后，在手持 PDA 上单击【运输完毕】。

图 4-1-21　客户签收

4. 车辆返程归位

送完货物，根据导航路线返回仓库，如图 4-1-22 所示，同样方法派送另一辆车的订单，派送完成后，车辆归位，如图 4-1-23 所示。

图 4-1-22　返航路线地图

图 4-1-23　返回配送中心

5. 配送单签收

送货司机进入办公区的财务室，把送完货的配送单双击鼠标左键交给财务人员签收，如图 4-1-24 所示。

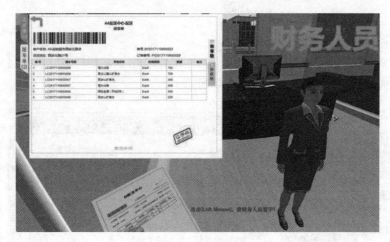

图 4-1-24　财务人员签字

实验项目 2：小件货物车辆配载作业流程

【实验任务】根据配送任务，设计小件货物车辆配载方案并完成小件货物车辆配载作业流程。

选择课程【项目一　货物配送作业方案设计与实施】→【子项目三　小件货物车辆配载作业方案设计与实施】→【任务二　小件货物车辆配载作业方案实施】，在界面右侧单击【进入任务】，任务角色下拉菜单中单击选择【调度员】角色，进入 3D 仿真场景，如图 4-2-1 所示。

图 4-2-1　选择任务

一、车辆配载

走进调度室，按"Alt"键操作虚拟电脑，点击【管理系统】→【配送管理】→【车辆配载】，根据货物体积与周转箱体积选择合适的周转箱类型，点击【发布】并确认，确认后不能修改数据，如图 4-2-2 所示。

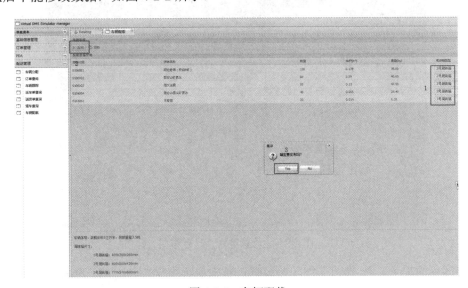

图 4-2-2　车辆配载

二、装车作业

走出调度室，切换人物角色为【配载员】。根据设计的配载方案，走到周转箱堆放处进行装车作业，如图 4-2-3 所示。各型号周转箱按设计的配载方案进行装车即可。

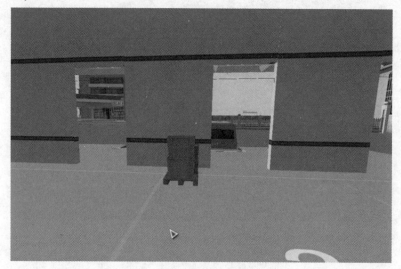

图 4-2-3　周转箱

配载员走近旁边的地牛，操作地牛将整托货物推至车辆停放的月台上，然后放下地牛，走近车辆尾部，按"↓"键打开车门，如图 4-2-4 所示。

图 4-2-4　放置货物并打开车门

根据界面提示，按"Alt"键开始装车，长按鼠标右键旋转方向，光标对准周转箱变为手形，点击鼠标左键拿起周转箱，此时移动鼠标可对周转箱进行操作，如图 4-2-5 所示。移动到车厢内指定位置后再次按下左键，周转箱放好，如图 4-2-6 所示。放置过程中可按"A"键或"D"键调整周转箱方向。

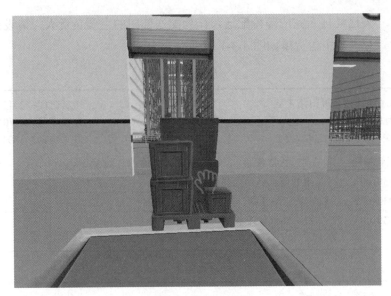

图 4-2-5 拿起周转箱

图 4-2-6 放置周转箱

这一托盘上的周转箱放置完后，按"Alt"键人物可恢复走动状态，将空托盘移至托盘放置区。

实验项目 3：货物配送作业优化方案设计与实施

【实验任务】设计准确完整的配送作业计划方案，并运用虚拟仿真软件完成配送作业的操作。

2017 年 1 月 1 日，AA 配送中心需要将前一天下午接到的客户 6 个配送订单进行配送作业，根据公司的物流配送服务水平，需要在 4 个小时内完成货物配送到门店。要配送的货物前一天已经出库完成等待配送，作为配送部门的主要负责人，请设计正确合理的配送作业计划。其中送货单如图 4-3-1 所列：

送货单 1

客户名称：AA 连锁超市厦门路 1 店　　　　　　送货时间：2017 年 1 月 1 日
送货地址：厦门路 889 号　　　　　　　　　　　订单编号：PS2017010100001
联系人：刘雯　　　　　　　　　　　　　　　　联系电话：13916230154

序号	货物编码	货物名称	件数（件）	重量（kg）	备注
1	0301001	康师傅红烧牛肉面	1789	214.68	
2	0301002	统一老坛酸菜面（桶装）	1860	223.2	
3	0301003	统一小浣熊干脆面	1690	84.5	
合计			5339	522.38	

送货单 2

客户名称：AA 连锁超市合肥路 1 店　　　　　　送货时间：2017 年 1 月 1 日
送货地址：合肥路 1024 号　　　　　　　　　　订单编号：PS2017010100002
联系人：李春天　　　　　　　　　　　　　　　联系电话：13916001234

序号	货物编码	货物名称	件数（件）	重量（kg）	备注
1	0301004	五谷道场方便面	990	544.5	
2	0302001	厨师红烧牛肉米饭	1090	485.05	
合计			2080	1029.55	

送货单 3

客户名称：AA 连锁超市成都路 1 店　　　　　　送货时间：2017 年 1 月 1 日
送货地址：成都路 1463 号　　　　　　　　　　订单编号：PS2017010100003
联系人：郑思思　　　　　　　　　　　　　　　联系电话：13916201568

序号	货物编码	货物名称	件数（件）	重量（kg）	备注
1	0302002	皓康自热鲜拌面	880	206.8	
2	0302003	周家庄骨汤饭	1280	1024	
3	0303001	银鹭八宝粥	950	342	
4	0303002	娃哈哈桂圆莲子八宝粥	720	201.6	
合计			3830	1774.4	

送货单 4

客户名称：AA 连锁超市济南路 2 店　　　　　　送货时间：2017 年 1 月 1 日
送货地址：济南路 765 号　　　　　　　　　　订单编号：PS2017010100004
联系人：张德军　　　　　　　　　　　　　　　联系电话：13916026006

序号	货物编码	货物名称	件数（件）	重量（kg）	备注
1	0304001	欢乐家黄桃罐头	720	648	
2	0304002	梅林午餐肉罐头	940	319.6	
3	0304003	平西府牛肉火锅罐头	1130	565	
合计			2790	1532.6	

送货单 5

客户名称：AA 连锁超市常熟路店

送货地址：常熟路 105 号

联系人：花蕊

送货时间：2017 年 1 月 1 日

订单编号：PS2017010100005

联系电话：13816052316

序号	货物编码	货物名称	件数（件）	重量（kg）	备注
1	0305001	酱牛八方香菇牛肉	2960	592	
2	0305002	乌江涪陵榨菜	1080	64.8	
合计			4040	656.8	

送货单 6

客户名称：AA 连锁超市西安北路店

送货地址：西安北路 21 号

联系人：白小玲

送货时间：2017 年 1 月 1 日

订单编号：PS2017010100006

联系电话：13516025802

序号	货物编码	货物名称	件数（件）	重量（kg）	备注
1	0305003	松露油杏鲍菇辣酱	260	57.2	
2	0305004	阿一波橄榄菜	620	248	
3	0306001	金锣肉粒多	670	214.4	
4	0306002	泡面搭档	720	2073.6	
合计			2270	2953.2	

任务要求：

1. 配送运输采用笼车集装方式，每个笼车最大载重 500kg，根据订单货物总重量，计算每个订单需要笼车装载的数量。

2. 在 IDMS 配送管理信息系统中，调查各个客户点的位置（绘制或软件截图表示），导出距离矩阵表。

3. 根据客户分布及客户对配送作业的要求，采用节约里程法手工进行配送路线优化的方案设计，确定送货车辆的选型和配送顺序。

4. 根据配送路线安排的结果，绘制车辆配载示意图。

5. 本次模拟仓库运作，系统模拟一天中 AA 配送中心的运作情景，根据以上设计的结果和预案，可以计划到 1 月 1 日当天将要进行的作业情景。请按照时间先后顺序和作业的内容将小组成员在一天的仓配送作业中的工作内容编制成作业进度计划表，并用甘特图体现作业进度计划和优化实施过程的内容，还包括可能出现问题的预案。

6. 对成本进行预算，包括作业过程可能发生的各种费用项目及相应的预算金额。

一、货物配送作业优化方案设计

1. 工作准备

为确保作业实施过程的顺利进行，提前明确各角色的具体分工，便于方案实施过程中准确地选择对应的角色进行操作实施，见表 4-3-1 所示。

表4-3-1　角 色 分 工

角色	分工
搬运工	搬运托盘、搬运笼车、货物、驾驶车辆
调度员	分配笼车，车辆调度、配送路线规划
配载员	笼车配载
货车司机	货物配送

在进行运作方案的设计时，首先要了解企业运作的基本情况，掌握物流中心设施设备的规模与布局、货物的存储情况、订单流水、作业流程、作业岗位等相关基础信息，才能在此基础上展开运作方案的设计。

● 配送中心设施设备规模与布局

进驻 AA 配送中心（三维仿真系统），实地调研该配送中心的设施设备规模，熟悉配送中心每种设备的功能用途，将调查结果填入表 C-2 配送中心调研表（调研模板只提供参考，不保证调研结果的正确性，需要自行实地调研）。

了解 AA 配送中心的设施设备的规模后，开始调查配送中心作业岗位及职责调查，主要调查 IDMS 虚拟配送运输运营软件中的作业岗位职责，将调查结果填入表 4-3-2 作业岗位职责。

表4-3-2　作业岗位职责

岗位	岗位职责
调度员	负责在调度室的 DMS 管理系统中完成车辆调度的整个过程。
配载员	负责将需要配送的笼车装到已经调度好的车辆上。
货车司机	负责将装载好的车辆送到客户点，完成货物送达交接作业。
……	……

完成作业岗位的调查后，再次调查 IDMS 虚拟配送运输运营软件中的作业成本，将调查结果填入表 4-3-3 作业成本表中。

表4-3-3　作业成本表

	成本类型	科目名称	成本值
配送（IDMS）	人员成本	总经理	0.5/min
	人员成本	销售代表	0.2/min
	人员成本	调度员	0.3/min
	人员成本	配载员	0.2/min
	人员成本	运输经理	0.3/min
	人员成本	货车司机	0.2/min
	自有车辆 3 吨	固定成本	300
		变动成本	6
	自有车辆 5 吨	固定成本	500
		变动成本	10
	外协车辆 3 吨	固定成本	800
		变动成本	3

续表

成本类型		科目名称	成本值
配送（IDMS）	外协车辆5吨	固定成本	1200
		变动成本	5
	按次计费设备	打印纸张费用	0.3
	按次计费设备	仓储笼费用	0.5

● 配送作业计划

（1）笼车配载计算

配送运输采用笼车集装方式，每个笼车最大载重500kg，根据订单货物总重量，计算每个订单需要笼车装载的数量，填入表4-3-4。

表4-3-4 笼车装载分配信息表

序号	客户名称	送货重量（kg）	需要笼车数	地址序号
1	厦门路一号店	1302.8	3	A
2	合肥路一号店	1871.5	4	B
3	苏州路一号店	760.0	2	C
4	杭州路三号店	763.0	2	D
5	成都路二号店	1448.5	3	E
6	郑州路二号店	1308.2	3	F

AA配送中心在配送车辆选择中有核定载重3吨和5吨两种车型，车辆又分为自有车辆和外协车辆。3吨车厢中有8个笼车位，5吨厢中有12个笼车位。

（2）客户点位置图

在DMS配送管理信息系统中，调查各个客户点的位置（绘制或软件截图表示），客户点的位置如图4-3-2所示。

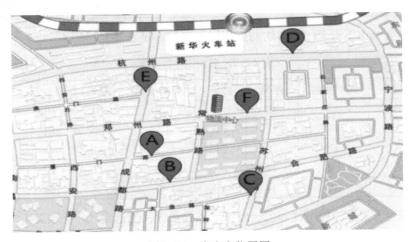

图4-3-2 客户点位置图

（3）距离矩阵表

在DMS配送管理信息系统中，调查各个客户点之间的距离，导出距离矩阵表，距离矩阵表见表4-3-5所示。

表 4-3-5　距离矩阵表

距离矩阵	C0001	A	B	C	D	E	F
C0001	0.00	11.00	12.00	17.00	16.00	14.00	4.00
A	11.00	0.00	10.00	19.00	26.00	13.00	14.00
B	12.00	10.00	0.00	12.00	27.00	20.00	16.00
C	17.00	19.00	12.00	0.00	23.00	30.00	14.00
D	16.00	26.00	27.00	23.00	0.00	20.00	13.00
E	14.00	13.00	20.00	30.00	20.00	0.00	18.00
F	4.00	14.00	16.00	14.00	13.00	18.00	0.00

● 配送路线优化

根据客户分布及客户对配送作业的要求，采用节约里程法手工进行配送路线优化的方案设计，确定送货车辆的选型和配送顺序。本方案在确定完车辆和送货路线后，根据成本计算结果确定在实施环节使用车辆的类型。

（1）节约里程表

节约里程表法手工进行配送路线优化的方案设计，根据各客户间的距离矩阵表，计算节约里程，见表 4-3-6 所示。

表 4-3-6　节约里程表

	需要量	P					
A	1302.8	11	A				
B	1871.5	12	10（13）	B			
C	760.0	17	19（9）	12（17）	C		
D	763.0	16	26（1）	27（1）	23（10）	D		
E	1448.5	14	13（12）	20（6）	30（1）	20（10）	E	
F	1308.2	4	14（1）	16（0）	14（7）	13（7）	18（0）	F

（2）根据节约里程表，对节约的里程进行排序，见表 4-3-7 所示。

表 4-3-7　节约里程数排序

序号	路线	节约里程	序号	路线	节约里程	序号	路线	节约里程
1	BC	17	10	AC	9	19	BD	1
2	AB	13	11	CF	7	20	CE	1
3	AE	12	12	DF	7	21	AF	1
4	CD	10	13	BE	6	22	BF	0
5	DE	10	14	AD	1	23	EF	0

（3）综合考虑节约的里程和配送成本，选取最优的配送路线，见表 4-3-8 所示。

表 4-3-8　最优配送路线

序号	车辆型号	路线	车辆装载	节约里程	笼车数
1	5 吨车	P → A → B → C → P	ABC	30	9
2	5 吨车	P → D → E → F → P	DEF	17	8

● 装车配载方案

根据配送路线安排的结果,绘制车辆配载示意图。根据题目中的车辆配载示例图画出两辆车的配载图,如图 4-3-3、图 4-3-4 所示。

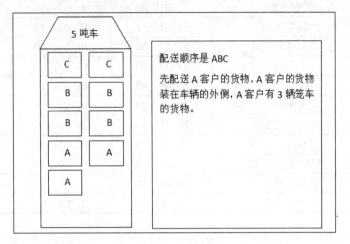

图 4-3-3 车辆配载图 1

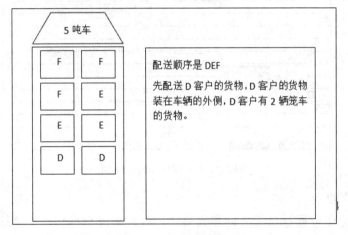

图 4-3-4 车辆配载图 2

2. 编制作业实施计划

● 作业进度计划

本次系统模拟一天中 AA 配送中心的运作情景,其中需要处理的作业包括入库、出库、补货、订货和配送等作业内容,根据以上设计的结果和预案,可以计划到 11 月 4 日当天将要进行的作业情景。请按照时间先后顺序和作业的内容将一天的仓储作业和配送作业中的工作内容编制成作业进度计划表,并用甘特图体现(请根据仓储部分的甘特图模板设计配送部分的作业进度计划和甘特图)。

(1)单人作业

下面以入库作业为例,编制入库作业的进度计划表,见表 4-3-9 所示,并将入库作业的作业进度计划表用甘特图体现出来,如图 4-3-5 所示。

表 4-3-9　入库作业进度计划表

操作人员	任务	开始时间	持续时间	完成时间
入库管理员	进入 IWMS，打印入库单	8：30：00	0：01：00	8：31：00
	签收送货单	8：31：00	0：00：30	8：31：30
搬运工	地牛收货	8：31：30	0：02：30	8：34：00
	叉车叉取托盘	8：34：00	0：03：00	8：37：00
理货员	码盘	8：37：00	0：03：00	8：40：00
	PDA 收货	8：40：00	0：01：20	8：41：20
	签字回单	8：41：20	0：00：40	8：42：00
搬运工	PDA 执行上架	8：42：00	0：00：30	8：42：30
	叉车执行入库	8：42：30	0：02：00	8：44：30
	PDA 执行上架	8：44：30	0：00：20	8：44：50
	叉车执行入库	8：44：50	0：01：30	8：46：20
	归还叉车	8：46：20	0：01：00	8：47：20

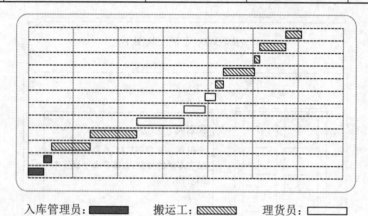

入库管理员：■　　　搬运工：▨　　　理货员：□

图 4-3-5　入库作业进度计划

（2）小组作业

　　方案的优化作业通过员工之间多人协同作业的标准化操作，提高运作效率，节约物流成本，从而优化存储系统。在优化过程中，根据协同作业的实际操作流程，制作出多人协同作业的甘特图。针对多人协同作业的操作流程，计算出多人协同操作的作业成本，从而得出优化方案。

　　为了保证作业的顺利完成，首先对队员进行分工，见表 4-3-10 所示。

表 4-3-10　多人协同作业人员分工

项目	队员	角色
入库作业	组长	入库管理员
	队员 1	理货员 1
	队员 2	搬运工、理货员 2
补货作业	组长	仓库管理员
	队员 1	补货员
	队员 2	搬运工

项目	队员	角色
出库作业	组长	出库管理员
	队员1	拣货员、搬运工
	队员2	拣货员、搬运工、复核员

下面以入库作业为例，编制入库作业的进度计划表，见表4-3-11所示，并将入库作业的作业进度计划表用甘特图体现出来，如图4-3-6所示。

表4-3-11 多人协同作业入库进度计划表

操作人员	任务	开始时间	持续时间	完成时间
组长	进入IWMS，打印入库单	8：30：00	0：01：00	8：31：00
	签收送货单	8：31：00	0：00：30	8：31：30
	PDA收货、签字回单	8：34：30	0：02：00	8：36：30
队员1	地牛收货	8：31：00	0：02：30	8：33：30
	码盘	8：33：30	0：01：30	8：35：00
	PDA执行上架	8：35：30	0：00：30	8：36：00
	打开立库货架区电脑	8：36：00	0：00：30	8：36：30
	PDA执行上架	8：36：30	0：01：00	8：37：30
队员2	叉车叉取托盘	8：30：00	0：03：00	8：33：00
	码盘	8：33：30	0：01：00	8：34：30
	叉车执行上架	8：36：00	0：01：30	8：37：30
	叉车执行上架	8：37：30	0：02：00	8：39：30
	归还叉车	8：39：30	0：00：30	8：40：00

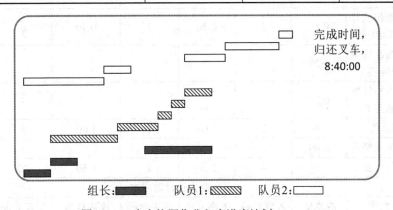

完成时间，
归还叉车，
8:40:00

组长：■■■■   队员1：▨▨▨   队员2：□□

图4-3-6 多人协同作业入库进度计划

● 作业成本预算

对成本进行预算，包括作业过程可能发生的各种费用及相应的预算金额。在此只计算单人作业成本，分别计算不同成本类型的成本，然后计算综合成本，见表4-3-12、表4-3-13所示。

表 4-3-12 各成本类型的成本

分拣系统运行成本							
科目名称	成本值	入库时间	入库成本	库内时间	库内成本	出库时间	出库成本
堆垛机单位时间费用	5.00	3	15.00	2	10.00	3	15.00
波次分拣单位时间费用	1.30					4	5.20
电子标签分拣单位时间费用	2.00			4	8.00	1	2.00
动力输送线单位时间费用	0.50					4	2.00
合计		3	15.00	6	18.00	11	24.20

按时计费设备成本							
科目名称	成本值	入库时间	入库成本	库内时间	库内成本	出库时间	出库成本
平板手推车单位时间费用	0.20			6	1.20	1	0.20
拣货手推车单位时间费用	0.20					2	0.40
动力叉车单位时间费用	1.00	5	5.00				
手动叉车单位时间费用	0.50	2	1.00				
合计		7	6.00	6	1.20	3	0.60

按次计费设备成本							
科目名称	成本值	入库次数	入库成本	库内次数	库内成本	出库次数	出库成本
打包按纸箱计费（打包纸箱）	0.20						
打印单据按次计费（打印纸张）	0.10	2	0.20	3	0.30	6	0.60
打印纸按次计费（打印标签）	0.20					4	0.80
打包按纸箱计费（仓储笼）	0.20					4	0.80
托盘每次费用	1.00	2	2.00	1	1.00	3	3.00
周转箱每次费用	0.80					3	2.40
合计		4	2.20	4	1.30	20	7.60

作业人员计时成本							
科目名称	成本值	入库时间	入库成本	库内时间	库内成本	出库时间	出库成本
总经理单位时间费用	0.30						
仓储部经理单位时间费用	0.30						
配送部经理单位时间费用	0.30						

作业人员计时成本							
科目名称	成本值	入库时间	入库成本	库内时间	库内成本	出库时间	出库成本
客服经理单位时间费用	0.30						
客服文员单位时间费用	0.30						
仓库管理员时间单位费用	0.30			2	0.60		
入库管理员单位时间费用	0.30	3	0.90				
出库管理员时间单位费用	0.30					3	0.90
拣货员时间单位费用	0.30					10	3.00
补货员时间单位费用	0.30			11	3.30		
理货员时间单位费用	0.30	5	1.50				
搬运工时间单位费用	0.30	7	2.10			3	0.90
复核员时间单位费用	0.30					6	1.80
合计		15	4.50	13	3.90	22	6.60

配送运输作业成本						
成本类型	科目名称	成本值	运输次数	运输时间	运输里程	运输成本
作业人员计时成本	人员成本总经理	0.50				
	人员成本销售代表	0.20				
	人员成本调度员	0.30		3		0.90
	人员成本配载员	0.20		5		1.00
	人员成本运输经理	0.30				
	人员成本货车司机	0.20		15		3.00
按里程计费成本	自有车辆固定成本 3T	300.00	1			300.00
	自有车辆固定成本 5T	500.00				
	自有车辆可变成本 3T	6.00			47	282.00
	自有车辆可变成本 5T	10.00				
	外包车辆固定成本 3T	800.00				
	外包车辆固定成本 5T	1200.00				
	外包车辆可变成本 3T	3.00				
	外包车辆可变成本 5T	5.00				
按次计费设备成本	纸张费用	0.30	10			3.00
	仓储笼费用	0.50	5			2.50
合计			16	23	47	592.40

表 4-3-13　综合作业成本

成本类型	仓储作业成本			配送作业成本	合计
	入库成本	库内成本	出库成本		
分拣系统运行成本	15.00	18.00	24.20		57.20
按时计费设备成本	6.00	1.20	0.60		7.80
按次计费设备成本	2.20	1.30	7.60	5.50	16.60
作业人员计时成本	4.50	3.90	6.60	4.90	19.90
按里程计费成本				582.00	582.00
合计	27.70	24.40	39.00	592.40	683.50

3. 作业实施应急预案

作业过程中需要制定紧急预案，见表 4-3-14 所示。

表 4-3-14　紧急预案

出现的问题	应急预案
车辆调度错误	及时发现，并重新调整
车辆配载错误	及时发现，并重新配载
货物交接错误	及时发现，并重新调整

二、货物配送作业优化方案实施

选择课程【项目二　货物配送作业优化方案设计与实施】→【子项目二　货物配送作业优化方案设计与实施（小组作业）】，在作业岗位下拉菜单中单击选择【调度员】角色，进入 3D 模拟场景，如图 4-3-7 所示。具体操作方法请参考项目一中的【子项目二　货物配送作业方案实施】方案实施操作指导书。

图 4-3-7　选择任务

在小组模式中，主要是小组成员之间工作内容的协调，这个需要在工作开始之前小组队员之间分配好。小组的操作模式与单人的基本上一致，主要不同之处是——传递单据的过程。

在多人任务中，通常由一个人打印单据，打印之后将任务中应用到的具体单据提交给用到该单据的其他队员手中，比如入库管理员打印好单据交给理货员。

传递单据方法说明：在入库作业中，入库管理员打印完单据，走到理货员的正对面，递交双方面对面站着（操作的时候第一人称视角）。入库管理员打开需要传递的单据，显示【双击鼠标左键传递单据】，双击鼠标左键，界面显示提交单据，如图4-3-8所示。

图 4-3-8　提交单据

与此同时，理货员的界面显示【接收单据】，如图4-3-9所示。

图 4-3-9　等待接收单据

理货员单击【接收】，单据传递完毕。

第五章

智慧物流中心综合运营作业流程

【实验目标】

1. 掌握智慧物流中心主要设备设施的操作方法;
2. 掌握智慧物流中心货物入库的作业流程;
3. 掌握智慧物流中心货物补货的作业流程;
4. 掌握智慧物流中心货物出库的作业流程。

实验项目1：智慧物流中心货物入库作业流程

【实验任务】运用虚拟仿真软件完成智慧物流中心的货物入库作业。

在【课程内容】中选择课程【项目一 电商物流中心货物储配作业方案设计与实施】→【子项目二 电商物流中心入库作业方案设计与实施】，点击【进入任务】，任务角色选择【制单员】，点击【确定】后进入 3D 仿真场景，如图 5-1-1 所示。

图 5-1-1 选择任务

一、管理系统操作

（1）控制人物走近电脑，鼠标指针移到椅子上，根据界面提示，按"Alt"键操作电脑，双击进入管理信息系统。

（2）选择【入库管理】→【采购申请】，点击【新增】填写【6918598028013波力海苔原味】货物明细信息，最后点击【保存】，如图5-1-2所示。

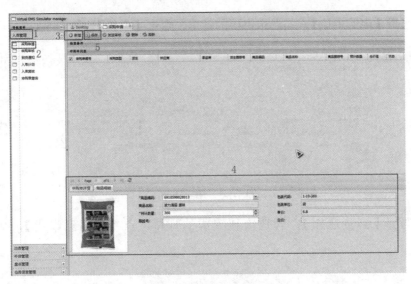

图 5-1-2　新增入库申购单

（3）新增【6920907808315 ORION/好丽友蘑古力】入库申购单信息，如图5-1-3所示。

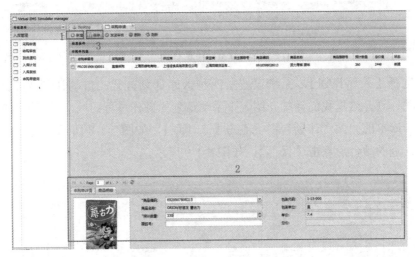

图 5-1-3　新增入库申购单

（4）勾选申购单，点击【发送审核】，如图5-1-4所示。

图 5-1-4　采购申请

（5）选择【申购审核】，勾选未审核的订单，点击【审核】，如图 5-1-5 所示。

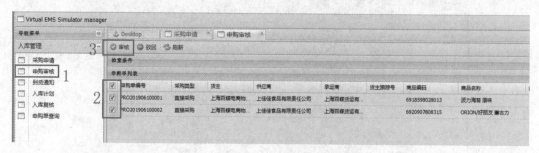

图 5-1-5　申购审核

（6）选择【到货通知】，勾选审核完成的订单，点击【同意收货】，如图 5-1-6 所示。

图 5-1-6　同意收货

（7）选择【入库计划】，系统设置了两种入库计划方式：自动计划（如图 5-1-7 所示）和手动计划。这里我们详细介绍一下手动计划的操作过程：

①在入库单的"站台计划"栏下点击【未计划】，如图 5-1-8 所示，出现站台计划列表，选择计划的站台后点击【保存】，如图 5-1-9 所示。

图 5-1-7　自动计划

图 5-1-8　手动计划站台

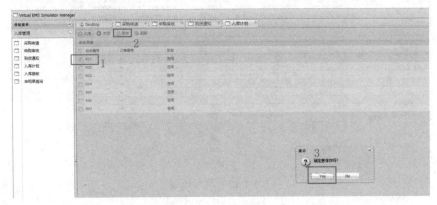

图 5-1-9　保存站台

②点击【列表】返回主界面，点击第一个申购单在"库位计划"栏下点击【未计划】，出现库位计划列表，点击"整货存储区"计划存储的空白区域，右侧"库位详情"下选择具体库位，点击【保存】，如图 5-1-10、图 5-1-11 所示。

图 5-1-10　手动计划库位

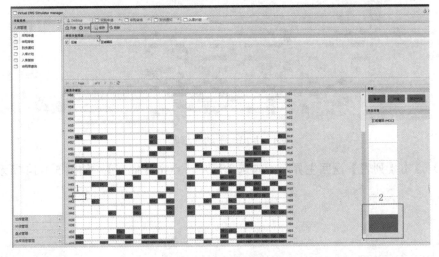

图 5-1-11　手动计划库位

③同样把另一个入库申购单在入库单的"站台计划"栏下计划站台，如图 5-1-12 所示。再次点击【列表】返回主界面，点击此申购单在"库位计划"栏下点击【未计划】，出现库位计划列表，点击计划的库位，选择后点击【保存】，如图 5-1-13 所示。

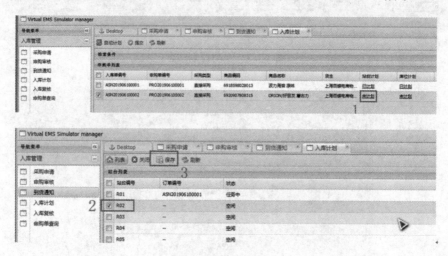

图 5-1-12　站台计划

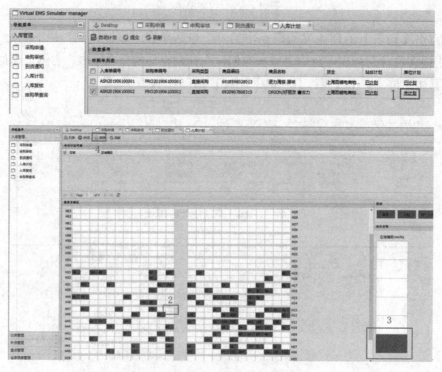

图 5-1-13　手动计划库位

（8）点击【列表】返回主界面，勾选入库单，点击【提交】，如图 5-1-14 所示。

图 5-1-14　提交入库计划

（9）选择【入库复核】，勾选入库单，点击【复核】，如图 5-1-15 所示。

图 5-1-15　入库复核

（10）按"Alt"键退出电脑操作，走出仓储部。

二、卸货作业

（1）切换角色为"理货员"，如图 5-1-16 所示，走向入库月台。

图 5-1-16　切换角色为"理货员"

（2）走近 RFID 门禁电子显示屏，按"Alt"键操作 RFID 屏幕，如图 5-1-17 所示。

图 5-1-17　RFID 门禁

（3）点击【登录】，选择【入库检验系统】，如图 5-1-18 所示。入库检验系统界面如图 5-1-19 所示。

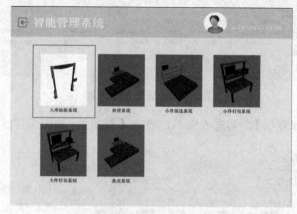

图 5-1-18　选择入库检验系统

图 5-1-19　入库检验系统界面

（4）按"Alt"键退出 RFID 屏幕，转身走近送货司机，根据界面提示，双击鼠标左键签收送货单，此时车门会自动打开；然后走近手动叉车，根据界面提示，按"Alt"键操控手动叉车，推入车内叉取货物，按"↑"键升起货叉，将货物拉到蓝色托盘旁边，按"↓"键落下货叉，按"Alt"键放下手动叉车，如图 5-1-20、图 5-1-21、图 5-1-22 所示。

图 5-1-20　签收送货单

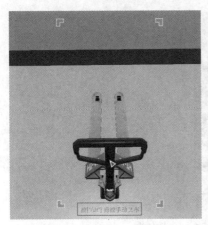

图 5-1-21 叉取货物

图 5-1-22 放置货物

三、码盘作业

（1）走近蓝色托盘，根据界面提示，按"Alt"键进入码盘状态，如图 5-1-23 所示。移动鼠标，对准货物，出现绿色手形时点击鼠标左键，拿起货物，移动鼠标到蓝色托盘上，出现绿色框时点击鼠标左键放下货物，如图 5-1-24 所示。码盘期间，按"X"键改变包装箱方向，按"W"键或"S"键可调整人物位置，如图 5-1-25 所示。

图 5-1-23 按"Alt"键进入码盘状态

图 5-1-24　码盘作业

图 5-1-25　按 "X" 键改变包装箱方向

　　（2）按上一步的方法，完成此托盘的码盘作业，然后按 "Alt" 键退出码盘状态，如图 5-1-26 所示。

图 5-1-26　码盘完成

四、入库作业

　　（1）按 "Alt" 键操控手动叉车，将码好的托盘推至入库理货区 1 号黄色框内，托盘自动调整至待入库状态，如图 5-1-27 所示。

图 5-1-27　推托盘至 1 号黄色框内

（2）自动三向叉车自动叉取托盘完成上架入库作业，如图 5-1-28 所示。

图 5-1-28　自动三向叉车叉取托盘

（3）当托盘通过 RFID 门禁时，智能入库检验系统自动识别入库商品信息并显示在 RFID 屏幕上。按"Alt"键操作屏幕，查看商品信息，点击【查看 ASN】，查看入库详情，当"货物状态"变成"已入库"时，点击【入库完成】，如图 5-1-29 所示。

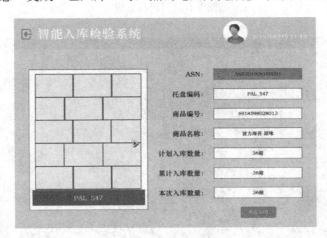

图 5-1-29　入库商品信息

（4）第一个入库作业操作完成后，退出智能入库检测系统，如图 5-1-30 所示。

图 5-1-30　返回智能入库检测系统

（5）依照此方法，把另一个入库申购单操作完成，如图 5-1-31、图 5-1-32、图 5-1-33 所示。

图 5-1-31　码盘完成

图 5-1-32　自动三向叉车叉取托盘

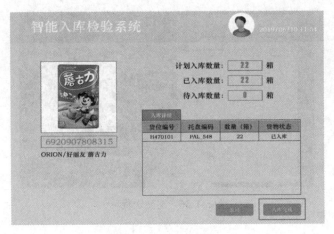

图 5-1-33　入库详情

（6）操作完成后退出智能入库检测系统，返回主界面。

（7）操控手动叉车将木托盘放入送货车内，如图 5-1-34 所示。然后拉出并放下手动叉车，走近送货司机，鼠标放在屏幕下方，点击【单据】图标，双击单据界面，打开单据，根据界面提示，双击鼠标左键，将已签收的送货单递交给送货司机，如图 5-1-35 所示。最后将手动叉车归位，入库作业完成，如图 5-1-36 所示。

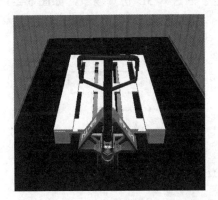

图 5-1-34　木托盘放入送货车内

图 5-1-35　打开送货单

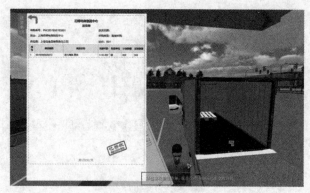

图 5-1-36　递交送货单

实验项目 2：智慧物流中心补货作业流程

【实验任务】运用虚拟仿真软件完成智慧物流中心的货物补货作业。

在【课程内容】中选择【项目一　电商物流中心货物储配作业方案设计与实施】→【子项目三　电商物流中心补货作业方案设计与实施】，点击【进入任务】，任务角色选择【制单员】，点击【确定】后进入 3D 仿真场景，如图 5-2-1 所示。

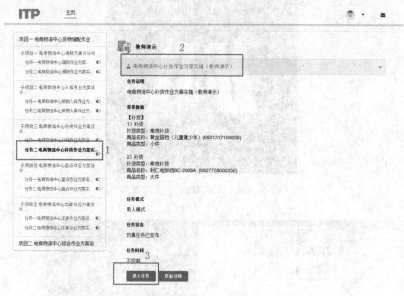

图 5-2-1　选择任务

一、管理系统操作

（1）控制人物走近电脑，打开管理信息系统，依次选择【补货管理】→【补货预报】，点击【新增】，在"补货单详情"栏选择"商品类型"和"补货类型"，在"商品明细"栏选择"商品编码"，以此方法增加完其他的补货单据，然后点击【保存】→【发送审核】，如图 5-2-2、图 5-2-3、图 5-2-4 所示。

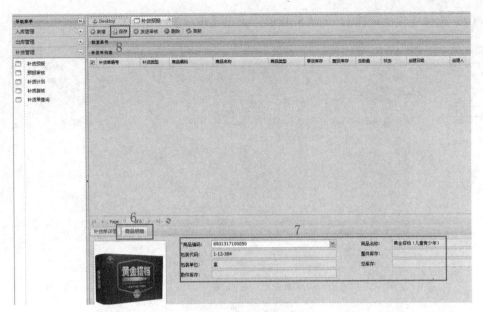

图 5-2-2　新增补货单详情

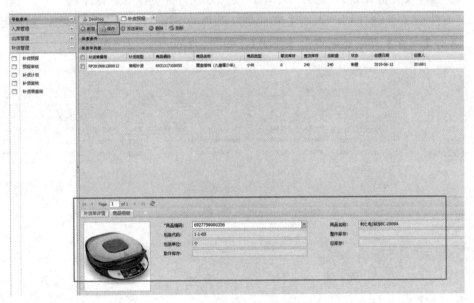

图 5-2-3　新增大件补货商品明细

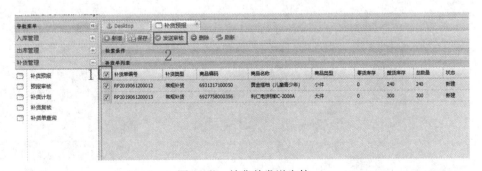

图 5-2-4　补货单发送审核

（2）选择【预报审核】，勾选补货单，点击【审核】，如图 5-2-5 所示。

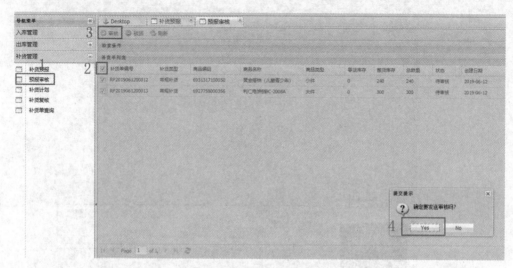

图 5-2-5　预报审核

（3）选择【补货计划】，选择"手动计划"方式对补货作业进行计划。

①小件商品手动计划：点击【未计划（源库位）】，修改【箱数】为计划箱数（2 箱），点击【保存】并确定后点击【关闭】，如图 5-2-6、图 5-2-7 所示。

图 5-2-6　补货计划 - 源库位计划

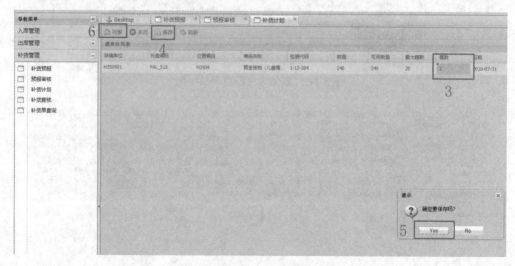

图 5-2-7　补货计划 - 源库位计划

②点击【未计划（目标库位）】，选择对应【源库位】，在【商品检索库存】的【商品编码】中检索本次补货商品的相关性商品库存信息，在【库区信息】→【图例】→【库位详情】中选择计划目标库位，点击【保存】并确定后点击【关闭】，如图 5-2-8、图 5-2-9、图 5-2-10 所示。

图 5-2-8　补货计划 - 目标库位计划

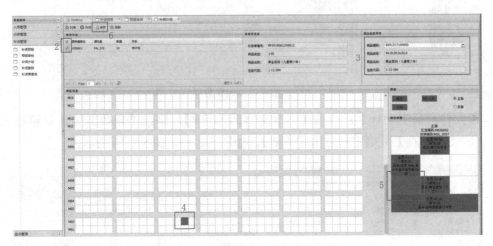

图 5-2-9　补货计划 - 目标库位计划

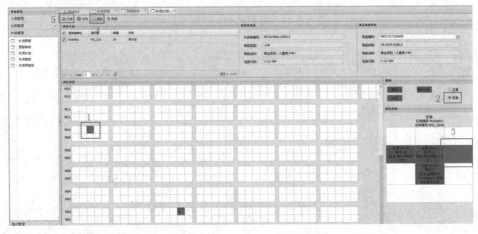

图 5-2-10　补货计划 - 目标库位计划（第二箱）

③点击【未计划（补货站台）】，勾选计划的补货站台，点击【保存】并确定后点击【关闭】，如图 5-2-11、图 5-2-12 所示。

图 5-2-11　补货计划 - 补货站台计划

图 5-2-12　补货计划 - 补货站台计划

④大件商品手动计划：点击【未计划（源库位）】，修改【箱数】为计划箱数（60箱），点击【保存】并确定后点击【关闭】，如图 5-2-13、图 5-2-14 所示。

图 5-2-13　补货计划 - 源库位计划

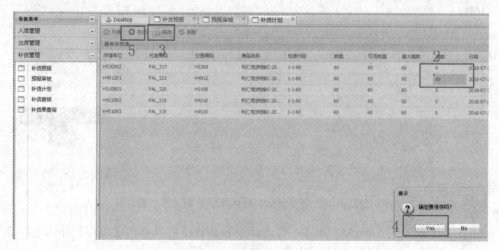

图 5-2-14　补货计划 - 源库位计划

⑤点击【未计划（目标库位）】，选择对应【源库位】，在【商品检索库存】的【商品编码】中检索本次补货商品的相关性商品库存信息，在【库区信息】→【图例】→【库位详情】中选择计划目标库位，点击【保存】并确定后点击【关闭】，如图 5-2-15、图 5-2-16 所示。

图 5-2-15　补货计划 - 目标库位计划

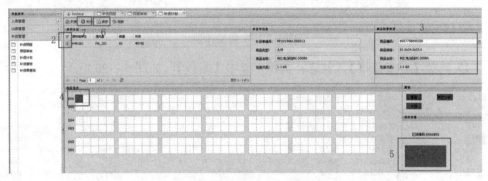

图 5-2-16　补货计划 - 目标库位计划

⑥点击【未计划（补货站台）】，勾选计划的补货站台，点击【保存】并确定后点击【关闭】，如图 5-2-17、图 5-2-18 所示。

图 5-2-17　补货计划 - 补货站台计划

图 5-2-18　补货计划 - 补货站台计划

⑦勾选计划完成的补货单，点击【提交】并确认，如图 5-2-19 所示。

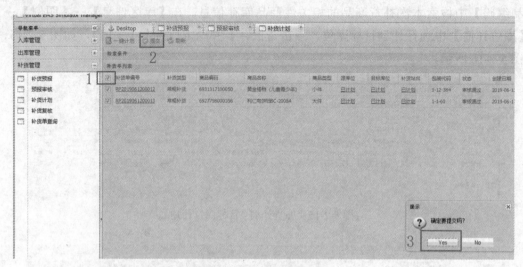

图 5-2-19 提交计划

（4）选择【补货复核】，勾选补货单，点击【复核】，如图 5-2-20 所示。

图 5-2-20 补货复核

（5）复核完成后可点击【补货单查询】，查询补货详细信息及补货站台，如图 5-2-21 所示。

图 5-2-21 补货单查询

二、补货作业

（1）退出电脑操作，走出仓储部。光标放在屏幕下方，点击人物图标，切换角色为"补货员"。

（2）大件商品补货作业系统自动完成，如图 5-2-22 所示。

图 5-2-22　大件商品补货作业

（3）小件商品补货作业需要人工完成，如图 5-2-23 所示，控制人物来到补货站台。

图 5-2-23　补货站台

（4）按"Alt"键操作电脑，选择【补货系统】，如图 5-2-24 所示。

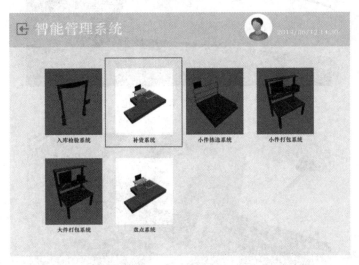

图 5-2-24　选择补货系统

（5）托盘和货架到位后，智能补货系统的【开始补货】按钮亮起，点击【开始补货】，出现补货界面，如图 5-2-25 所示。

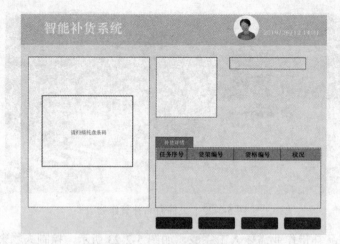

图 5-2-25　补货界面

（6）界面显示"请扫描托盘条码"，光标对准旁边的扫描枪，根据界面提示，按"Ctrl"键的同时点击鼠标左键拿起扫描枪，如图 5-2-26 所示。按"C"键蹲下，光标对准托盘条码，变成眼睛时，按住"Alt"键变成扫描状态，点击鼠标左键进行扫描，如图 5-2-27 所示。扫描成功后，按"Esc"键放下扫描枪，操作电脑，补货系统界面显示补货详细信息，点击【开始】，跳转到具体位置界面，如图 5-2-28 所示。

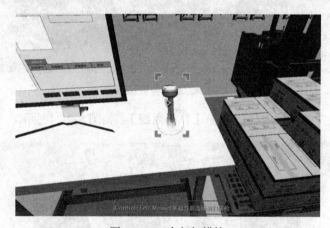

图 5-2-26　拿起扫描枪

图 5-2-27　变为扫描状态

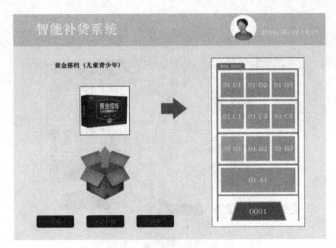

图 5-2-28　具体位置界面

（7）退出电脑操作，拿起扫描枪，光标对准商品包装箱条码进行扫描，如图 5-2-29 所示。扫描完成后放下扫描枪，根据界面提示，光标对准商品，从托盘上拿起一箱商品，按住鼠标右键转动方向，按住"Ctrl"键同时移动鼠标，点击鼠标左键放入高亮提示的货格内，如图 5-2-30 所示。

图 5-2-29　扫描包装箱条码

图 5-2-30　放入高亮提示的货格内

（8）转身操作电脑，依次点击【完成】，跳转下一个货物补货界面，如图 5-2-31、图 5-2-32 所示。

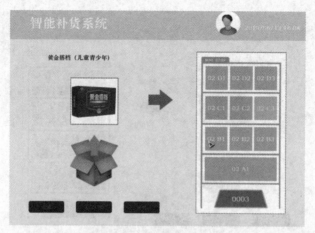

图 5-2-31　具体位置界面

图 5-2-32　放入高亮提示的货格内

（9）继续操作电脑，依次点击【完成】，跳转至补货初始界面，点击返回登录界面，如图 5-2-33 所示。

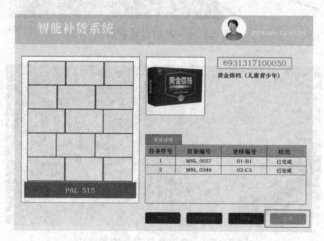

图 5-2-33　补货完成

（10）退出补货电脑操作，托盘和货架自动由三向叉车和智能搬运机器人运走，补货作业完成。

实验项目 3：智慧物流中心出库作业流程

【实验任务】运用虚拟仿真软件完成智慧物流中心的货物出库作业。

在【课程内容】中选择【项目一 电商物流中心货物储配作业方案设计与实施】→【子项目五 电商物流中心出库作业方案设计与实施】，点击【进入任务】，任务角色选择【制单员】，进入 3D 仿真场景，如图 5-3-1 所示。

图 5-3-1 选择任务

一、管理系统操作

（1）控制人物走近电脑，打开管理信息系统，依次选择【出库管理】→【订单审核】，勾选订单，点击【审核】→【提交】，如图 5-3-2 所示。

图 5-3-2 订单审核

（2）选择【订单分配】，勾选订单，点击【分配】，如图 5-3-3 所示。分配完成后，勾选出库单，点击【提交】，如图 5-3-4 所示。

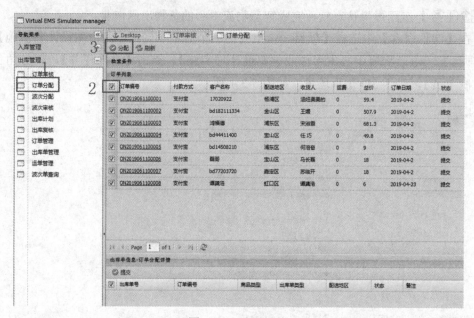

图 5-3-3　分配订单

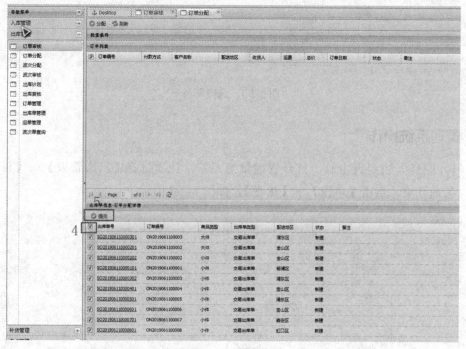

图 5-3-4　提交订单

（3）选择【波次分配】，勾选出库单，点击【自动分配波次】，如图 5-3-5 所示。分配完成后，勾选波次单，点击【提交】，如图 5-3-6 所示。

图 5-3-5　分配波次

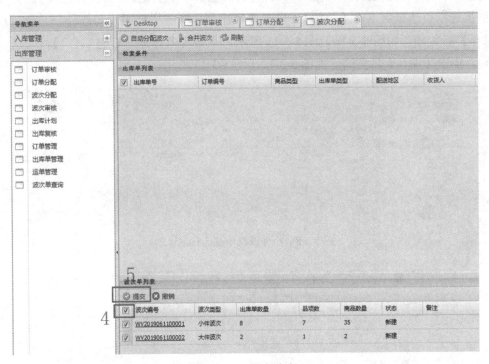

图 5-3-6　提交波次

（4）选择【波次审核】，勾选波次单，点击【审核】，如图 5-3-7 所示。

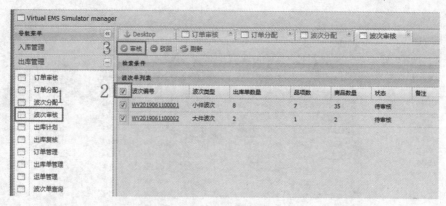

图 5-3-7　波次审核

（5）选择【出库计划】，出库计划可为一键计划和手动计划，根据课程的方案设计来对出库单进行手动计划。

①对小件波次单进行出库计划。点击【未计划（拣选货位）】，勾选商品，点击所在【货位】→【图例】→【库位详情】，点击【保存】，如图 5-3-8、图 5-3-9 所示（本次任务以单种商品货位选择为例说明，其他商品拣选货位选择参照其自行完成）。完成所有的拣选库位选择后点击【关闭】。点击【未计划（拣选站台）】，勾选计划站台，点击【保存】后关闭，如图 5-3-10、图 5-3-11 所示。点击【未计划（打包站台）】，勾选计划站台，点击【保存】后关闭，如图 5-3-12、图 5-3-13 所示。

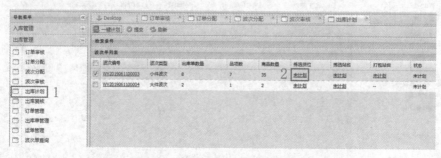

图 5-3-8　小件波次单拣选货位计划

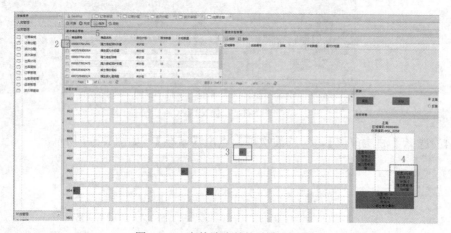

图 5-3-9　小件波次单拣选货位计划

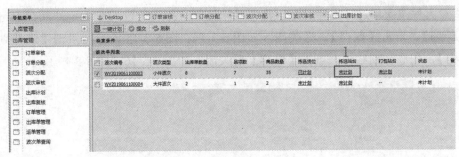

图 5-3-10 小件波次单拣选站台计划

图 5-3-11 小件波次单拣选站台计划

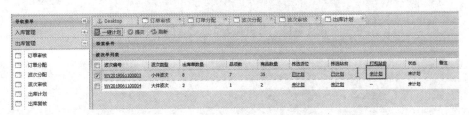

图 5-3-12 小件波次单打包站台计划

图 5-3-13 小件波次单打包站台计划

②对大件波次单进行出库计划。点击【未计划（拣选货位）】，勾选商品，点击所在【货位计划】，点击【保存】，后关闭，如图 5-3-14、图 5-3-15 所示。点击【未计划（拣选站台）】，勾选计划站台，点击【保存】后关闭，如图 5-3-16、图 5-3-17 所示。

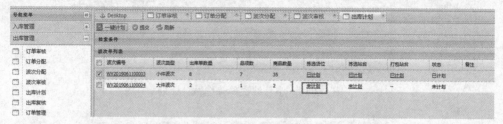

图 5-3-14　大件波次单拣选货位计划

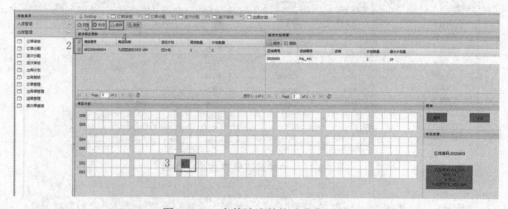

图 5-3-15　大件波次单拣选货位计划

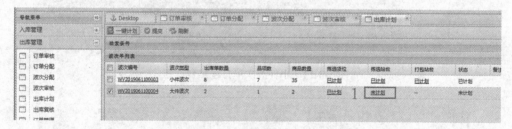

图 5-3-16　大件波次单拣选站台计划

图 5-3-17　大件波次单拣选站台计划

③勾选计划完成的波次单，点击【提交】并确认，如图 5-3-18 所示。

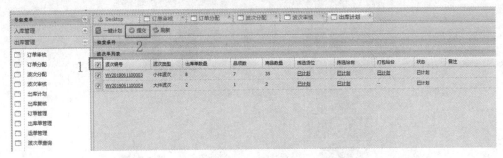

图 5-3-18 提交波次单

（6）选择【出库复核】，勾选波次单，点击【复核】，如图 5-3-19 所示。

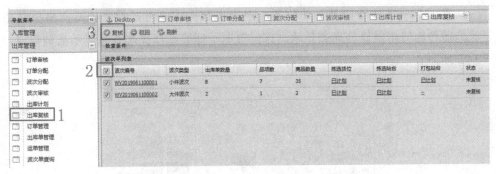

图 5-3-19 出库复核

二、小件拣货作业

（1）退出电脑操作，走出仓储部，切换角色为"配货员"，前往拣货站台，如图 5-3-20 所示。

图 5-3-20 拣货站台

（2）登录智能管理系统，进入小件拣选系统，界面显示拣货商品编码、名称、数量及具体货格位置，点击【开始】，开始拣货，如图 5-3-21 所示。

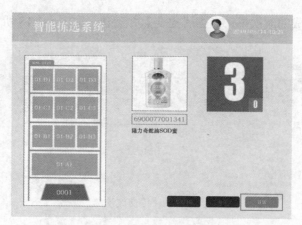

图 5-3-21　开始拣货

（3）界面显示播种数量及具体位置，退出电脑操作，可以看到拣货货格呈红色高亮显示，播种周转箱呈蓝色高亮显示，该位置电子标签红灯亮起并且显示播种数量，如图 5-3-22 所示。

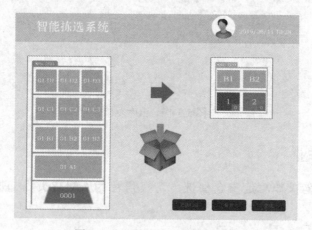

图 5-3-22　播种数量及具体位置

（4）光标对准包装箱，按住"Alt"键点击鼠标左键从包装箱中拿取商品，如图 5-3-23 所示。

图 5-3-23　从包装箱中拿取商品

（5）光标对准固定扫描器，连续双击鼠标左键扫描商品（双击一次扫描一件），扫描完成后电脑界面会弹出确认窗口，如图 5-3-24 所示。

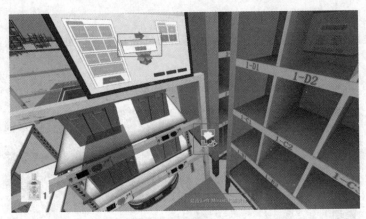

图 5-3-24　扫描商品

（6）光标对准播种货架上的周转箱，按住"Alt"键连续点击鼠标左键将商品放入周转箱中，如图 5-3-25 所示。

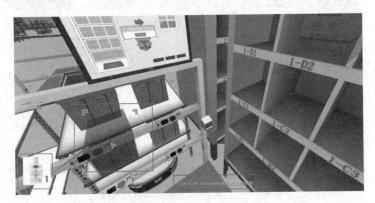

图 5-3-25　将商品放入周转箱中

（7）放完商品后，光标对准电子标签红灯，双击鼠标左键拍灭红灯，完成该商品在此周转箱的拣货作业，如图 5-3-26 所示。

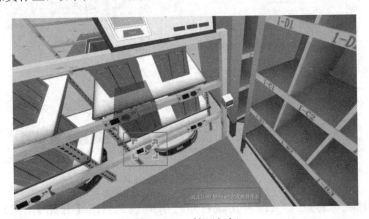

图 5-3-26　拍灭红灯

（8）此时跳转至下一个周转箱拣货界面，按照同样方法完成该商品的拣货作业。然后操作电脑，点击【完成】，该货架的拣货作业完成，此时界面会跳转到下一个货架的拣货界面，同样的方法完成其他货架的拣货作业。

（9）在最后一个货架的拣货作业界面上点击【完成】后，退出智能拣选系统，返回登录主界面。

（10）自动搬运机器人将播种货架自动运至打包站台，如图 5-3-27 所示。

图 5-3-27　打包站台

三、小件打包作业

（1）来到打包站台，切换角色为"复核打包员"。

（2）登录智能管理系统，点击进入小件打包系统，界面显示打包任务列表，点击【开始】，如图 5-3-28 所示。

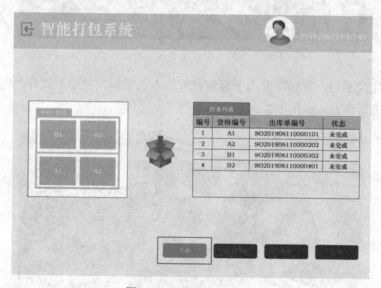

图 5-3-28　打包任务列表

（3）界面显示后点击"A1"，出现打包任务列表，点击【开始】，跳转至扫描编码界面，如图 5-3-29 所示。

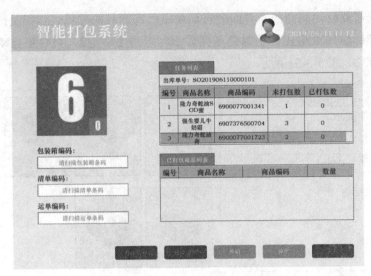

图 5-3-29　显示扫描编码

（4）退出电脑，光标对准蓝色高亮显示的周转箱，按住"Ctrl"键同时点击鼠标左键拿起播种货架上 A1 位置的周转箱放在打包台上，如图 5-3-30 所示。

图 5-3-30　播种货架上的周转箱

（5）然后转身，光标指向打包箱货架，双击鼠标左键打开选取打包箱界面，点击【打包规则】可以查看打包规则，查看完成点击【关闭】，如图 5-3-31 所示。

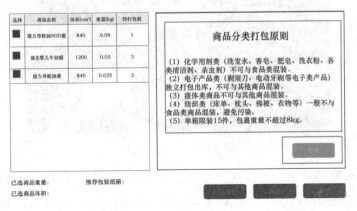

图 5-3-31　商品分类打包原则

163

（6）勾选需要打包的商品，界面会自动显示已选商品的重量、体积及推荐的包装纸箱，并且推荐的包装纸箱图标呈绿色高亮显示，点击【确定】，打包箱自动生成在桌面上，如图 5-3-32、图 5-3-33 所示。

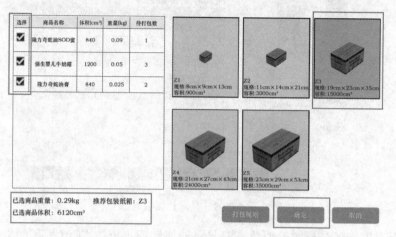

图 5-3-32　确定选择打包箱

图 5-3-33　打包箱生成在桌面上

（7）拿起桌面上的扫描枪，扫描打包箱条码，如图 5-3-34 所示。

图 5-3-34　扫描打包箱

（8）光标对准周转箱，双击鼠标左键打开周转箱，右边会显示出周转箱的商品信息，点击要打包的商品，连续点击【+】到打包数量后，点击【拿取】。界面上出现拿取的商品图片及数量，对准固定扫描器扫描商品。扫描完成后双击鼠标左键放入打包箱，如图 5-3-35 所示。

图 5-3-35　商品放入打包箱

（9）第一种商品放完之后，按照同样的方法打包第二种商品，完成后关掉"周转箱商品"窗口，如图 5-3-36 所示。

图 5-3-36　关闭"周转箱商品"窗口

（10）按"Alt"键操作打包台电脑，显示扫描清单和运单编码，点击【打印清单】和【打印运单】，如图 5-3-37 所示。

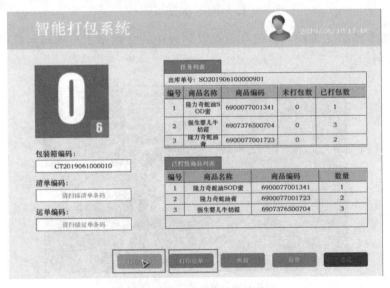

图 5-3-37　打印清单和运单

（11）打印完成后退出电脑，拿取并打开清单在固定扫码器上扫描，扫描完成后双击鼠标左键放入打包箱中，然后光标对准打包箱并双击鼠标左键打包，如图 5-3-38 所示。

图 5-3-38　包装箱打包

（12）拿取并打开运单在固定扫码器上扫描，扫描完成后双击鼠标左键粘贴到打包箱上，如图 5-3-39 所示。

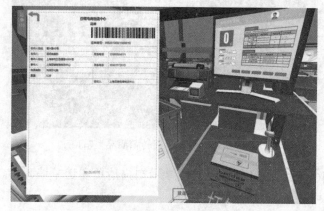

图 5-3-39　粘贴运单

（13）运单粘贴完成后，拿起打包箱放到旁边的传送带上，周转箱放回播种货架，如图 5-3-40 所示。

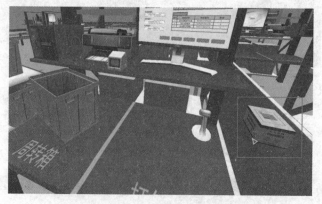

图 5-3-40　打包箱放到传送带上

（14）操作电脑，可以看到该周转箱的商品已打包完成，点击【完成】，如图5-3-41所示。

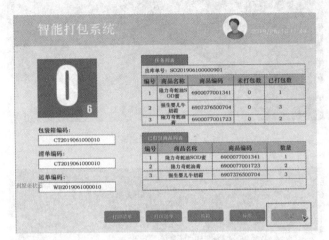

图5-3-41　点击【完成】

四、出库装车

（1）切换角色为"搬运工"，前往出库月台，如图5-3-42所示。

图5-3-42　出库月台

（2）可以看到有出库任务的伸缩式输送机已经自动伸至车厢后门处，走近伸缩输送机，拿起包装箱放入车内，装完该出库口的所有包装箱后，双击鼠标左键收回伸缩输送机，如图5-3-43、图5-3-44、图5-3-45、图5-3-46所示。按照同样的方法，装完所有包装箱，收回伸缩输送机，此出库作业完成。

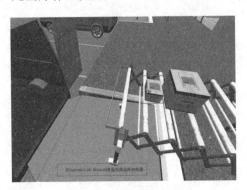

图5-3-43　走近伸缩输送机

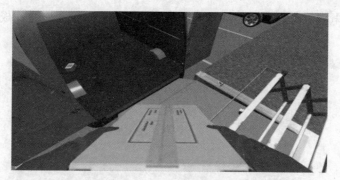

图 5-3-44　拿起包装箱

图 5-3-45　包装箱放入车内

图 5-3-46　收回伸缩输送机

第六章

供应链企业运营管理

【实验目标】

1. 熟悉智慧供应链运营平台的运作，熟悉供应链各成员企业的业务模块及其流程和设施设备配置与相关参数；

2. 根据供应链各成员企业运营方案的设计，解决运营过程中的需求预测、分销网络规划、设施选址、规模选择、品类管理、采购管理、销售管理、库存控制、仓储与运输服务等经营决策问题。

实验项目 1：供应链企业运营环境

【实验任务】通过供应链运营平台，了解供应链企业的产品市场结构以及供应链成员企业构成，熟悉供应链各成员企业的业务模块及其流程。

登录 ITP 一体化教学管理平台，在【我的课程】点击【"供应链管理"理实一体化课程】→【项目一　供应链企业运营管理】→【任务一　供应链企业运营调研方案设计与实施】，并在右侧点击【供应链企业运营调研方案实施】，点击【进入任务】按钮，如图 6-1-1 所示。

图 6-1-1　任务选择

一、软件操作

1. 调研冰箱产品的历史供需情况

（1）企业注册。输入企业名称、选择企业 logo 颜色，单击【下一步】。选择企业类型，填写主营业务、经营理念等信息，单击【下一步】。选择投资人类型，输入投资人名称、证件号码等基本信息（证件信息正确性无强制要求），单击【下一步】。企业注册信息检查确认，如有错误点击【上一步】，无错误点击【创建企业】，如图 6-1-2、图 6-1-3 所示。

图 6-1-2　企业注册信息确认

图 6-1-3　创建企业

（2）进入仿真环境。加载就绪，点击【启动】，进入 3D 虚拟仿真环境主界面（系统默认初始城市为上海），如图 6-1-4 所示。

图 6-1-4　3D 虚拟仿真环境主界面

（3）查询产品供需信息。单击【市场信息】→【产品供需信息】→【产品名称—冰箱】，如图 6-1-5、图 6-1-6 所示。

图 6-1-5　产品供需信息

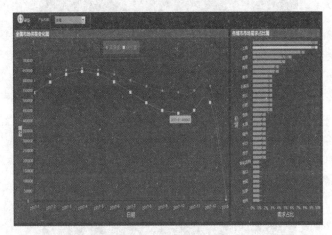

图 6-1-6　产品供需信息

（4）查询冰箱产品在全国 34 个城市的需求占比情况。单击【市场信息】→【产品供需信息】→【产品名称—冰箱】，如图 6-1-7 所示。

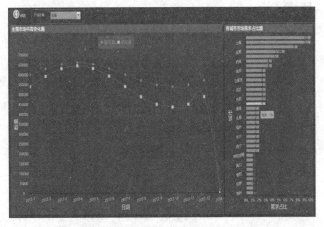

图 6-1-7　冰箱产品城市需求占比

2. 调研企业工厂规模及相关参数（制造商）

调研企业工厂规模参数，需定位企业角色、选择企业类型（Ⅰ型、Ⅱ型、Ⅲ型制造商）并且建立企业工厂。这里仅以Ⅰ型制造商工厂为例。Ⅱ型、Ⅲ型制造商企业工厂规模相关参数依据同样流程调研。具体步骤如下：

（1）建立企业。鼠标指针移至主界面正下方制造商图标处，出现制造商企业类型。按住鼠标左键的同时，拖动Ⅰ型制造商至城市空白土地处，待完全放置后，释放鼠标左键，单击"确定"（对号）按钮。如图 6-1-8、图 6-1-9 所示。

图 6-1-8　制造商企业类型

图 6-1-9　制造商企业建立

（2）企业相关参数调研。鼠标右键单击已经建立的企业工厂，即可查看规模及相关参数，如图 6-1-10 所示。

图 6-1-10　制造商企业工厂参数

（3）冰箱产品生产线类型及相关参数。右键单击工厂建筑物，选择【进入】，进入制造商界面，此时制造商工厂空白，单击【生产】→【生产线类型】→【冰箱生产线】，单击【确定】，如图 6-1-11 所示。

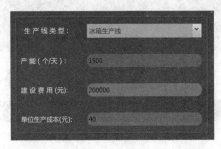

图 6-1-11　制造商冰箱产品生产线

3.调研冰箱产品及原材料的货物基础信息及原材料供应商信息

（1）冰箱基础信息。单击【市场信息】→【产品基础信息】→【成品】，单击【查询】，冰箱基础信息如图 6-1-12 所示。

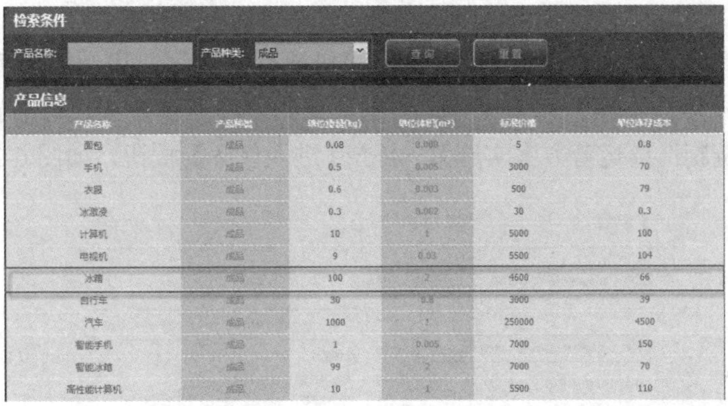

图 6-1-12　冰箱基础信息

（2）原材料货物基础信息。冰箱产品由压缩机、箱胆、箱壳、塑料和钢材五种原材料组成，这里以"钢材"为例。单击【市场信息】→【供应商信息】→【产品名称—钢材】，单击【查询】，如图 6-1-13 所示。

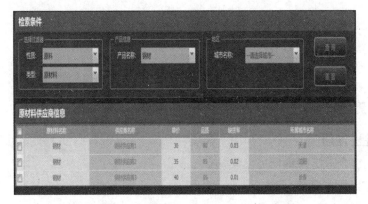

图 6-1-13　原材料货物基础信息

（3）调研冰箱产品的 BOM 关系组成。单击【市场信息】→【生产指导】→【产品名称—冰箱】，单击【查询】，如图 6-1-14 所示。

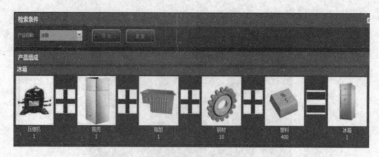

图 6-1-14　冰箱产品 BOM 关系

实验项目 2：供应链制造商运营管理

【实验任务】依据供应链制造商运营方案，做好制造商的采购、生产、销售、存储与运输等运营决策。

登录 ITP 一体化教学管理平台，点击【"供应链管理"理实一体化课程】→【项目一　供应链企业运营管理】→【任务二　供应链制造商运营方案设计与实施】，并在右侧点击【供应链制造商运营方案实施】，点击【进入任务】按钮，如图 6-2-1 所示。

图 6-2-1　任务选择

一、任务实施

1. 集团企业注册

参见供应链企业运营调研方案实施。

2. 冰箱市场需求预测

单击【市场信息】→【产品供需信息】→【产品名称—冰箱】，如图 6-2-2 所示。

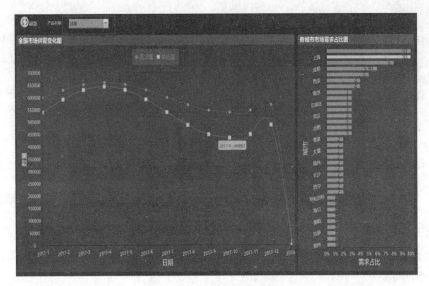

图 6-2-2　冰箱市场需求预测

3. 原材料供应商信息

系统设定冰箱由压缩机、箱壳、箱胆、钢材和塑料五种原材料组成，这里以"压缩机"为例。其他原材料供应商信息依据同样流程查看。单击【市场信息】→【供应商信息】→【产品名称—压缩机】，点击【查询】查看市场上压缩机供应商的相关信息，如图 6-2-3 所示。

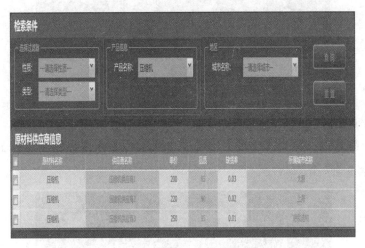

图 6-2-3　原材料供应商信息

4. 建立企业

（1）规划与选址。根据冰箱市场需求预测情况和不同类型的制造商所需资金额度，进行产品定位、规模规划、设施选址等。这里以"Ⅰ型制造商"为例，如图 6-2-4 所示。（备注：地段的环数越靠前，市场需求相对越大，与之相应的土地使用成本越高，根据企业竞争战略选择合适的区域建设企业。默认已进行市场需求预测，定位Ⅰ型制造商，选择 3 环建立企业）

图 6-2-4　建立企业

（2）查看企业。鼠标右键单击制造商工厂建筑物，点击【进入】，进入工厂内部，如图 6-2-5 所示。

图 6-2-5　查看企业

5. 生产业务管理

（1）生产线建设。单击【生产】→【生产线类型】→【冰箱生产线】→【确定】，如图 6-2-6、图 6-2-7 所示。

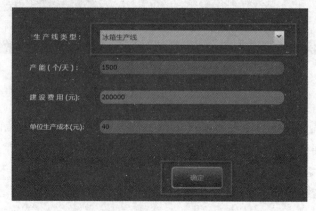

图 6-2-6　生产线建设

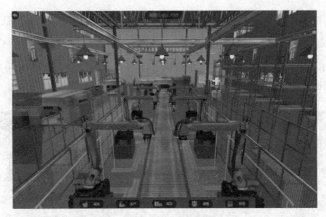

图 6-2-7　生产线建设

（2）生产策略选择。系统支持推式生产策略和拉式生产策略，这里以“推式生产策略”为例。设定推式生产策略的“日产能”（这里设定为 100），单击【保存】，如图 6-2-8 所示。（注意：日产能不可超出当前生产线的最大产能范围）

制造商-生产
保存
刷新
产品类型:
--请选择产品类型--
最大产能(个/天):
1500
单位生产成本(元):
40
产品关系图
拉式生产策略
当前产能(个/天):
运营费用(元/天):
推式生产策略
日 产 能:
100
当前产能(个/天):
运营费用(元/天):

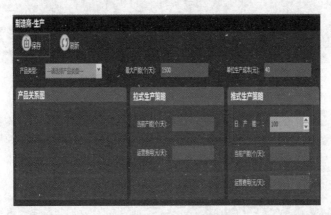

图 6-2-8　推式生产策略

6. 采购业务管理

（1）添加原材料。单击【采购】→【添加原料】→【箱胆】，鼠标左键双击选择箱胆，如图 6-2-9 所示。

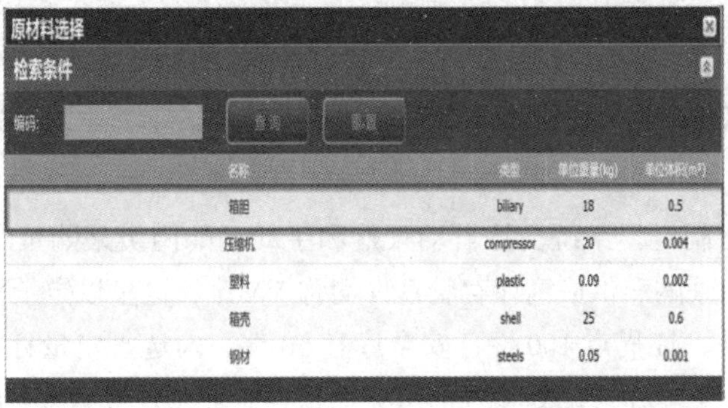

原材料选择
检索条件
编码:
查询
重置
名称
类型
单位重量(kg)
单位体积(m³)
箱胆 biliary 18 0.5
压缩机 compressor 20 0.004
塑料 plastic 0.09 0.002
箱壳 shell 25 0.6
钢材 steels 0.05 0.001

图 6-2-9　添加原材料

（2）原材料供应商选择。根据制造商产品定位和原材料供应商所在城市、原材料的品质、价格及交货及时性的指标，选择供应商。这里以定位高端产品，选择"箱胆供应商 3"供应商为例。单击【箱胆】→【选择供应商】，双击"箱胆供应商 3"，如图 6-2-10、图 6-2-11 所示。其他原材料依据同样流程添加。

图 6-2-10　原材料供应商选择

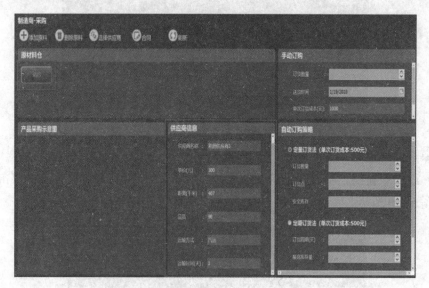

图 6-2-11　原材料供应商选择

（3）采购策略制定。系统支持自动采购和手动采购两类采购策略，自动采购又分为定量采购、定期采购和供应商库存管理（简称 VMI）。这里以定量采购策略为例，假设订货数量 200 件、订货点 100 件、安全库存 50 件。勾选"定量订货法"，输入订货数量、订货点、安全库存（此处输入的数据需依据企业生产经营规模进行设定），单击【设定】，如图 6-2-12 所示。其他原材料采购策略依据同样流程和冰箱产品 BOM 关系制定。

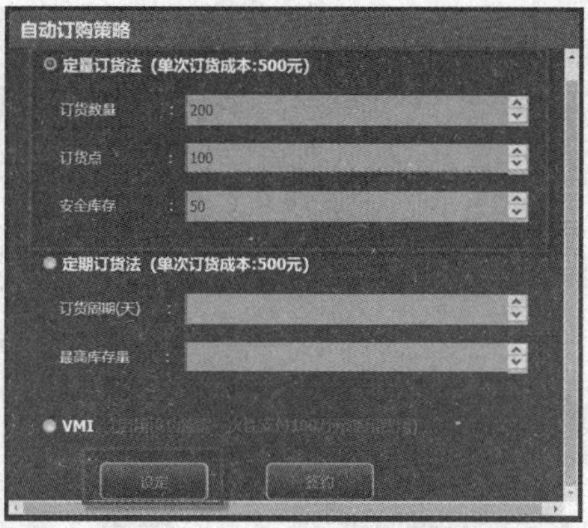

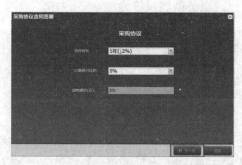

图 6-2-12　定量采购

（4）采购协议签署。单击【签约】，选择"合作时长"和"订单首付比例"，单击【下一页】，设定"合同开始日期"，根据经营策略决定是否勾选"接受提前送货"和设置"违约金"，单击【签署】。这里以合作时长为 1 年，订单首付比例为 5%，不接受提前送货，不设置违约金。如图 6-2-13 所示。其他原材料采购协议依据同样流程签署。注意：不同属性和价值的原材料，在签署原材料采购协议时候合作时长、订单首付比例、合同开始日期、是否接受提前送货、是否设置违约金根据经营策略灵活设定。

图 6-2-13　采购协议签署

完成原材料箱胆采购业务，运输业务默认由系统完成，系统时间到达合同开始日期 2018 年 5 月 1 日后，按照采购策略将相应数量的箱胆运输并储存至原材料仓库。

（5）查看生产。系统自动执行生产策略，单击【生产】，查看生产情况，如图 6-2-14、图 6-2-15 所示。

图 6-2-14　查看生产

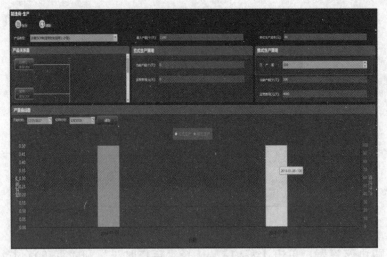

图 6-2-15　查看生产

7. 销售业务管理

（1）产品定价。根据冰箱生产成本、企业盈利目标对冰箱产品进行不同销售渠道的定价。单击【销售】→成品库【冰箱（SCM 制造商）】，设定合同客户（线下企业客户）报价，设定电子商城（线上电商消费者）报价，单击【保存】，如图 6-2-16 所示。这里以合同客户报价为 4000 元，电子商城报价为 5000 元为例。

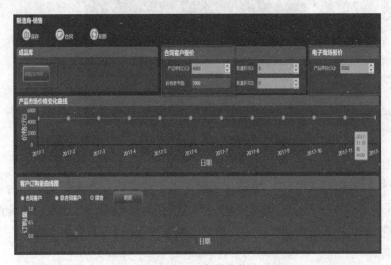

图 6-2-16　产品定价

（2）价格调整。产品价格并非一成不变，作为企业经营者应该时刻关注市场上产品供需关系的变化，并依据供需关系变化情况及时调整产品价格，以期在市场竞争中获得价格竞争力。（注意：产品定价，受市场监督部门管制，并且限定最高定价和最低定价，须在合理范围内定价）

8. 销售合同执行管理

（1）接受销售合同。制造商接受并执行下游客户的采购合同才能获得收益，实现企业的经营目标和盈利目标。下游分销商则通过分析市场上提供相同产品的制造商的不同价格、品质、交期、品牌等因素，选择合适的制造商作为合作伙伴。

以制造商与分销商的采购合同执行过程为例。下游客户 EE 分销商发来一份冰箱采购合同，合同内容包含价格、数量、交货日期等相关信息。通过分析合同相关要求选择是接受或拒绝合同。这里以接受合同为例，点击【接受】，如图 6-2-17 所示。接受合同后单击【销售】→【合同】，查看合同明细，如图 6-2-18 所示。

图 6-2-17　接受合同

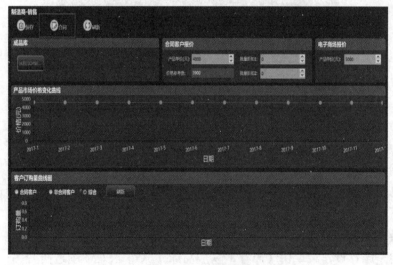

图 6-2-18　查看合同

（2）选择第三方物流服务商。制造商通常将物流运输业务外包，一方面集中资源专注制造业务，另一方面发挥第三方物流服务商的专业优势。勾选合同，单击【选择物流】，选择"BB 物流商"，勾选"当日达"，点击【确定】，如图 6-2-19、图 6-2-20所示。

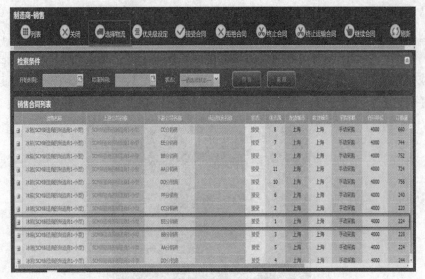

图 6-2-19　选择第三方物流服务商

图 6-2-20　选择第三方物流服务商

该合同状态由"接受"更新为"有效"，即表明该物流服务商已接收到运输请求，正在准备执行运输。制造商与分销商的采购合同执行过程已经完成，只需等待第三方物流商完成承运任务。

9. 库存业务管理

（1）安全库存设定。单击【库存】→成品库【冰箱（SCM 制造商）】→【安全库存设定】→【设定库存】，如图 6-2-21 所示。

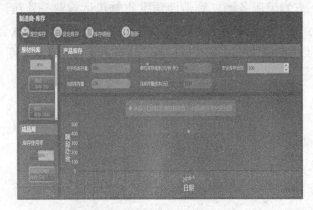

图 6-2-21　安全库存设定

（2）查看库存明细。单击【库存】→成品库【冰箱（SCM 制造商）】→【库存明细】→【选择日期】，如图 6-2-22 所示。

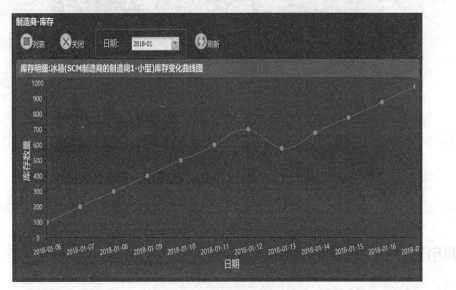

图 6-2-22 查看库存明细

10. 财务业务管理

单击【财务】→【财务明细】→【选择日期】，即可查看特定日期的财务明细，如图 6-2-23 所示。

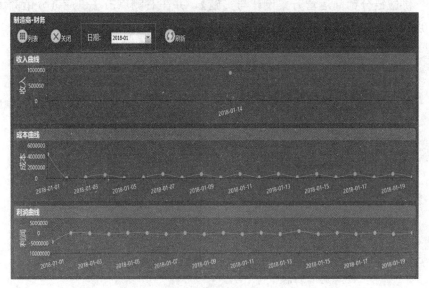

图 6-2-23 财务明细

11. 供应链绩效管理

返回 3D 虚拟仿真环境主界面，单击【数据分析】，点击任意数据分析指标，根据数据反馈，对企业经营情况进行总结和评价。这里以"市场占有率"指标为例，如图 6-2-24 所示。

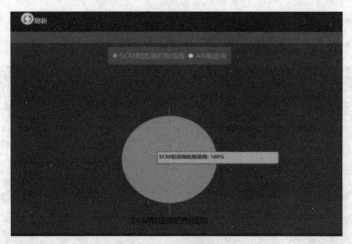

图 6-2-24 数据分析

实验项目 3：供应链分销商运营管理

【实验任务】根据供应链分销商运营方案的设计，解决分销商运营中的需求预测、分销网络规划、设施选址、规模选择、品类管理、采购管理、销售管理、库存控制、仓储与运输服务等经营决策问题。

点击【"供应链管理"理实一体化课程】→【项目一　供应链企业运营管理】→【任务三　供应链分销商运营方案设计与实施】，并在右侧点击【供应链分销商运营方案实施】，点击【进入任务】按钮，如图 6-3-1 所示。

图 6-3-1 任务选择

一、任务实施

1. 集团企业注册

参考供应链企业运营调研方案实施。

2. 冰箱市场需求预测

以冰箱产品历史销售数据为依托，对冰箱市场未来需求以合适的方法进行预测。
（备注：市场需求曲线数据可能会根据系统人数作出调整，请以系统数据为准）

单击【市场信息】→【产品供需信息】→【产品名称—冰箱】，如图 6-3-2 所示。

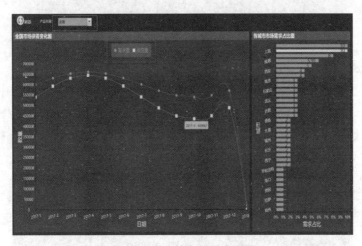

图 6-3-2　冰箱市场需求预测

3. 建立企业

（1）规划与选址。根据冰箱市场需求预测情况和不同类型的分销商所需资金额度，进行分销网络规划、规模选择、设施选址等。这里以"Ⅰ型分销商"为例，如图 6-3-3 所示。（默认已进行市场需求预测，定位Ⅰ型分销商，选择二环建立企业）

图 6-3-3　建立企业

（2）查看企业。鼠标右键单击分销商企业建筑物，单击【进入】，进入工厂内部，如图 6-3-4 所示。

图 6-3-4　查看企业

4. 库存业务管理

单击【库存】→【增加仓库】，选择"同城配送中心"或"区域配送中心"，输入合作时长等信息，点击【确定】。这里以租赁为期 365 天，面积 2000 立方米的"同城配送中心"为例，如图 6-3-5、图 6-3-6 所示。

图 6-3-5　仓库租赁

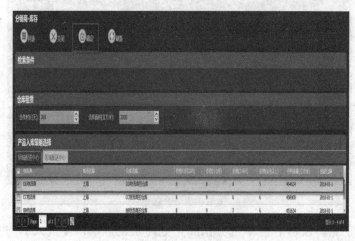

图 6-3-6　仓库租赁

5. 采购业务管理

（1）选择供应商。根据企业产品定位和各供应商所在城市、产品品质、价格及交货期等因素选择供应商。单击【采购】→【选择供应商】，鼠标左键双击选择该供应商。这里以定位高端产品，选择"冰箱（AA 制造商）"为例，如图 6-3-7、图 6-3-8 所示。

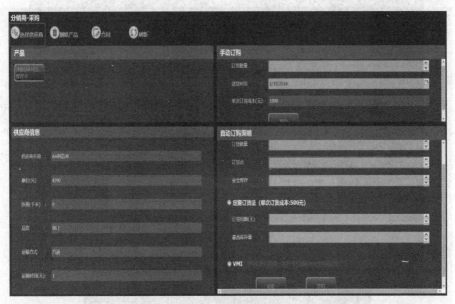

图 6-3-7　选择供应商

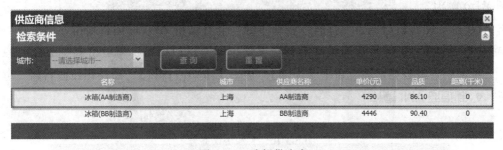

图 6-3-8　选择供应商

（2）采购策略制定。这里以定期采购法为例，假设订货周期为 4 天，最高库存量 1000 件。勾选"定期订货法"，输入订货周期和最高库存量（此处数值须依据企业经营规模进行设定），单击【设定】，如图 6-3-9 所示。

（3）采购协议签署。单击【签约】，选择"合作时长"，设置"订单响应天数"和订单首付比例，单击【下一页】，选择"仓库"和"合同开始日期"，根据经营策略决定是否勾选"接受提前送货"和设置"违约金"单击【签署】。这里以合作时长为 1 年，订单响应周期为 4 天，订单首付比例为 10%，合同开始日期为 2001 年 1 月 4 日，不接受提前送货，不设置违约金为例，如图 6-3-10 所示。（注意：对于分销商而言，制造商作为供应链上游合作企业，签署采购协议时候合作时长、订单首付比例、合同开始日期、是否接受提前送货、是否设置违约金可根据经营策略灵活设定）完成冰箱采购业务，运输业务由制造商选择第三方物流承运商完成，系统时间到达合同开始日期后，按照采购策略将相应数量的冰箱运输并储存至已租赁仓库。

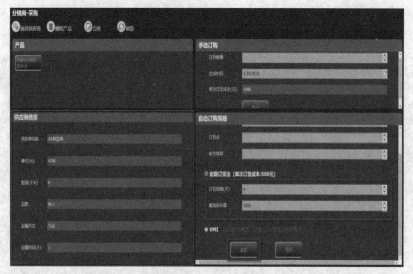

图 6-3-9　定期采购

图 6-3-10　采购协议签署

6. 销售业务管理

（1）产品定价。根据冰箱采购成本、企业盈利目标等对冰箱进行不同分销渠道的定价。单击【销售】→成品库【冰箱（AA 制造商）】，设定合同客户（线下企业客户）报价，设定电子商城（线上电商消费者）报价，单击【保存】，如图 6-3-11 示。这里以合同客户报价：4800 元，电子商城报价：5500 元为例。

（2）价格调整。产品价格并非一成不变，作为企业经营者应该时刻关注市场上产品供需关系的变化，并依据供需关系变化情况及时调整产品价格，以期在市场竞争中获得价格竞争力。（注意：产品定价受市场监督部门管制，并且限定最高定价和最低定价，应在合理范围内定价）例如：产品单价为 2000 元，批量折扣 1 设定为 10000，即下游客户若单次采购量大于或等于 10000 时，当前企业最终报价为 2000×0.9=1800 元。

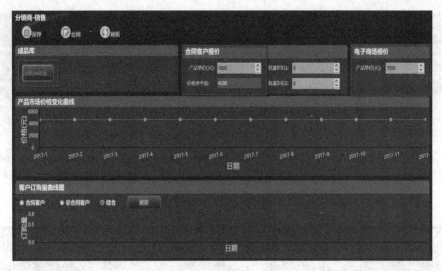

图 6-3-11　产品定价

7. 销售合同执行管理

（1）接受销售合同。分销商企业接受并执行下游客户的采购合同才能获得收益，实现企业的盈利目标。下游零售商客户通过分析市场上提供相同产品的分销商的不同价格、品质、交期、品牌等因素，选择合适的分销商作为合作伙伴。

以分销商和零售商之间的采购合同执行过程为例。下游客户"CC零售商"发来一份冰箱

图 6-3-12　接受合同

采购合同，合同内容包含价格、数量、交货日期等相关信息。通过分析合同相关要求选择接受或拒绝合同。这里以接受该合同为例，点击【接受】，如图 6-3-12 所示。单击【销售】→【合同】，即可查看合同明细，如图 6-3-13 所示。

图 6-3-13　查看合同

（2）选择第三方物流服务商。勾选合同，单击【选择物流】，选择"CC 物流商"，勾选"当日达"，单击【确定】，如图 6-3-14、图 6-3-15 所示。

图 6-3-14 选择第三方物流服务商

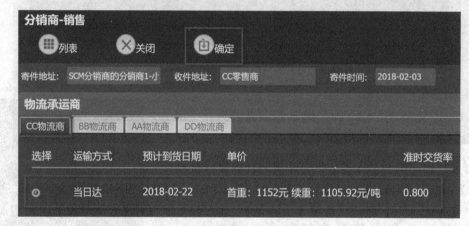

图 6-3-15 选择第三方物流服务商

8. 财务业务管理

单击【财务】→【财务明细】→【选择日期】，即可查看特定日期的财务明细，如图 6-3-16 所示。

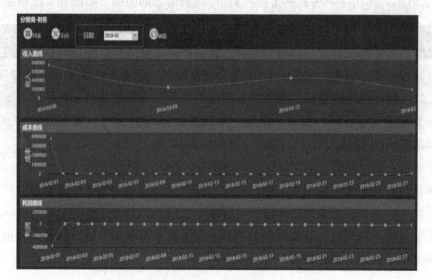

图 6-3-16 财务明细

9. 供应链绩效管理

（1）数据分析。返回 3D 虚拟仿真环境主界面，单击【数据分析】，点击任意数据分析指标，根据数据反馈，对企业经营情况进行总结和评价。这里以"运营成本"为例说明，如图 6-3-17 所示。

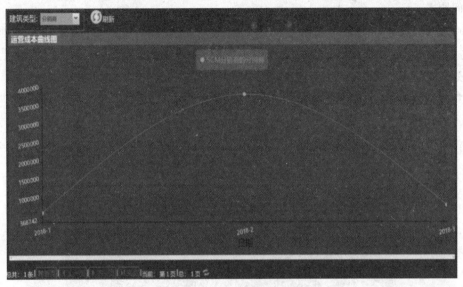

图 6-3-17　数据分析

（2）资产信息。单击【资产信息】，点击任意资产信息指标，根据数据反馈，对企业财务状况进行总结和评价。这里以"报表"指标为例说明。单击【报表】，如图 6-3-18 所示。

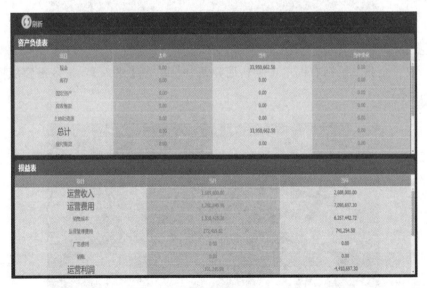

图 6-3-18　资产信息

实验项目 4：供应链零售商运营管理

【实验任务】通过对供应链零售商运营方案的设计，解决零售商运营中的商品计划制订、品类管理实施、设施选址、规模选择、商品采购、产品销售定价、存货管理等经营决策问题。

点击【"供应链管理"理实一体化课程】→【项目一　供应链企业运营管理】→【任务四　供应链零售商运营方案设计与实施】，并在右侧点击【供应链零售商运营方案实施】→【进入任务】。

1. 建立企业

（1）规划与选址。根据冰箱市场需求预测情况和不同类型的零售商所需资金额度，进行零售网络布局、规模选择、设施选址等。这里以"Ⅰ型零售商"为例，如图 6-4-1 所示。（默认已进行市场需求预测，定位Ⅰ型零售商，选择一环建立企业）

图 6-4-1　建立企业

（2）查看企业。鼠标右键单击零售店建筑物，单击【进入】，进入零售店内部，如图 6-4-2 所示。

图 6-4-2　查看企业

2. 采购业务管理

（1）选择供应商。根据企业产品定位和各供应商产品的品质、价格、交期、品牌等因素选择供应商。单击【采购】→【选择供应商】，鼠标左键双击选择该供应商。这里以定位高端产品，选择"EE 分销商"代理的"冰箱（AA 制造商）"为例，如图 6-4-3 所示。

图 6-4-3　选择供应商

（2）采购策略制定。这里以定期采购法为例。假设订货周期为 3 天，最高库存量 500 件。勾选"定期订货法"，输入订货周期和最高库存量（此处数值须依据企业经营规模进行设定），单击【设定】，如图 6-4-4 所示。

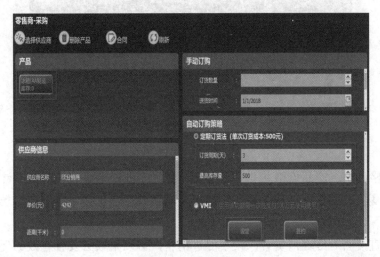

图 6-4-4　定期采购

（3）采购协议签署。单击【签约】，选择"合作时长"，设置"订单响应天数"和订单首付比例，单击【下一页】，选择"合同开始日期"，根据经营策略决定是否勾选"接受提前送货"和设置"违约金"并单击【签署】。这里以合作时长为 1 个月，订单响应周期为 4 天，订单首付比例为 5%，合同开始日期为 2018 年 1 月 4 日，不接受提前送货，不设置违约金为例。如图 6-4-5 所示。

图 6-4-5　采购协议签署

3. 销售业务管理

（1）产品定价。根据冰箱采购成本、企业盈利目标对冰箱进行销售定价。单击【销售】→成品库【冰箱（AA 制造商）】，设定产品售价，单击【保存】，如图 6-4-6 所示。这里以报价 5000 元为例。

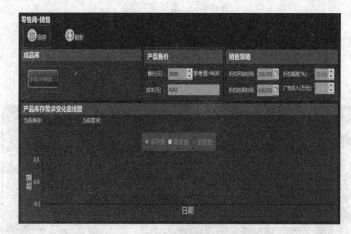

图 6-4-6　产品定价

（2）价格调整。产品价格并非一成不变，作为企业经营者应该时刻关注市场上产品供需关系的变化，并依据供需关系变化情况及时调整产品价格，以期在市场竞争中获得价格竞争力。

零售商直接面对终端消费者，为了促进销售，可以采取必要且有效的促销手段。系统提供两种促销手段：折扣促销和广告促销。

①折扣促销，即设置批量折扣，给予下游客户一定折扣的优惠。企业对所销产品设置一定比例的折扣，以降价的形式刺激消费者需求。折扣幅度，即在原价的基础上下降对应幅度的折扣，最终系统按照产品单价 ×（1- 折扣幅度）进行销售。例：产品单价

2000 元，折扣幅度 10，最终单价 =2000×（1–10%）=1800 元。

②广告促销。企业单次设定自定义金额的广告投入，企业所销产品品牌值在一定时期内会有一定的上升，进而影响产品需求值。

（3）查看销售情况。单击【销售】→成品库【冰箱（AA 制造商）】，即可查看销售情况，如图 6-4-7 所示。

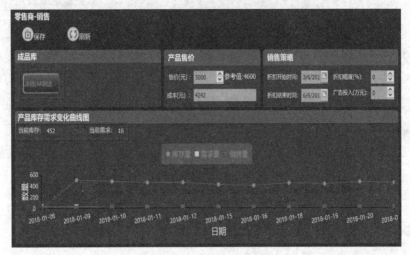

图 6-4-7 查看销售情况

4. 财务业务管理

（1）财务明细。单击【财务】→【财务明细】→【选择日期】，即可查看特定日期的财务明细，如图 6-4-8 所示。

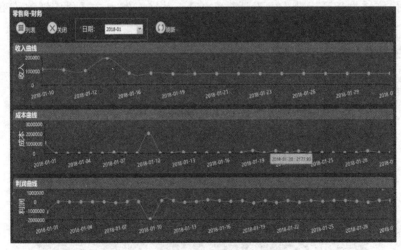

图 6-4-8 财务明细

5. 供应链绩效管理

返回 3D 虚拟仿真环境主界面，单击【数据分析】，点击任意数据分析指标，根据数据反馈，对企业经营情况进行总结和评价。这里以"市场占有率"为例说明，如图 6-4-9 所示。

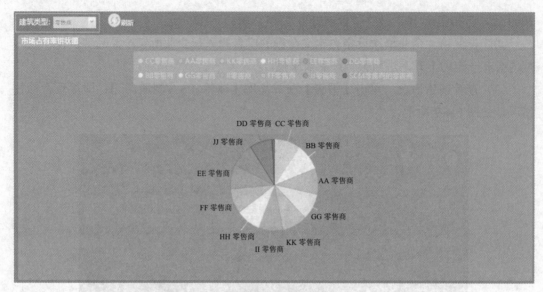

图 6-4-9　数据分析

实验项目 5：供应链物流企业运营管理

【实验任务】通过对供应链物流商运营方案的设计，解决物流商运营中的物流网络规划、设施选址、规模选择、仓储管理、运输管理、客户服务、服务定价等经营决策问题。

点击【"供应链管理"理实一体化课程】→【项目一　供应链企业运营管理】→【任务五　供应链物流商运营方案设计与实施】，并在右侧点击【供应链物流商运营方案实施】，点击【进入任务】按钮。

1. 建立企业

以定位"Ⅰ型物流商"，选择三环建立企业。鼠标右键单击物流商企业建筑物，点击【进入】，进入建筑物内部，如图 6-5-1 所示。

图 6-5-1　查看企业

2. 固定资产投资

（1）建设仓库。单击【建设】→【建设仓库】，左下方点击下拉菜单，双击选择仓储类型，点击【购买】，如图 6-5-2 所示。

图 6-5-2 建设仓库

（2）购买车辆。单击【建设】→【购买车辆】，在页面左下方下拉菜单，双击选择车辆类型，输入购买数量，点击【购买】，如图 6-5-3 所示。这里以购买 2 辆载重量为 10 吨的"干线货车"为例。

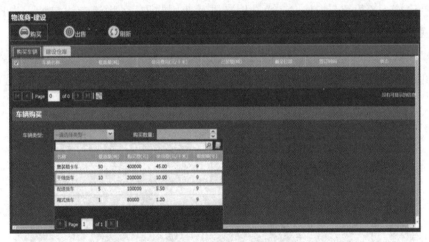

图 6-5-3 购买车辆

3. 仓储业务定价

根据租赁时长，对仓储租赁业务进行定价。单击【销售】→【仓储报价】，左下方选择特定仓库，输入不同租赁时长对应的租赁费用，单击【保存】，如图 6-5-4 所示。

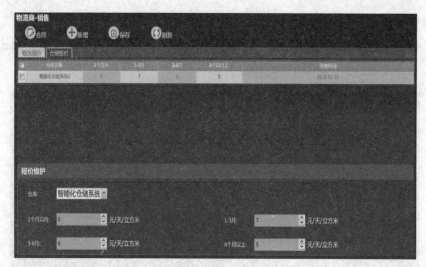

图 6-5-4　仓储业务定价

4. 运输业务定价

物流运输业务包括：同城配送和物流专线。

①同城配送，即默认当前企业所在地的运输业务开展范围为当前城市，定价体系分为首重和续重。首重即为在一吨以内的货物按照固定金额进行费用收取；续重即为梯度价格按照首重价格＋（载重量 -1）× 续重价格进行费用收取。（同城配送默认当天送达）

②物流专线，即当前企业所在地的运输业务开展范围为多个城市。定价体系分为首重和续重。首重即为在一吨以内的货物按照固定金额进行费用收取；续重即为梯度价格按照首重价格＋（载重量 -1）× 续重价格进行费用收取。（物流专线包括：当日达、次日达、三日达）

（1）同城配送定价：单击【销售】→【物流报价】，勾选【同城配送】，输入首重和续重定价，单击【保存】，如图 6-5-5 所示。这里以首重 1200 元和续重 1100 元 / 吨定价为例。

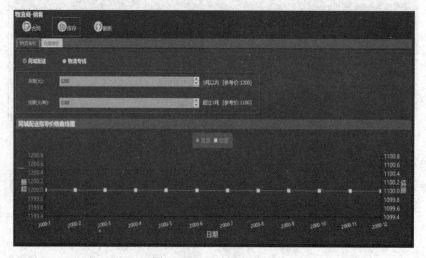

图 6-5-5　同城配送定价

（2）物流专线定价：单击【销售】→【物流报价】，勾选【物流专线】，点击【新增】，选择【始发城市】和【目的城市】，输入当日达、次日达、三日达定价，单击【保存】，如图 6-5-6 和图 6-5-7 所示。这里以新增（上海 — 北京）物流专线为例。

图 6-5-6　物流专线定价

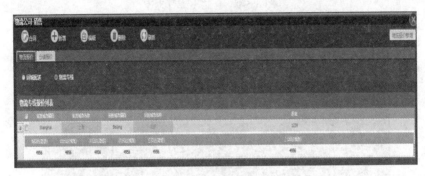

图 6-5-7　物流专线定价

5. 仓储业务管理

物流商仓储租赁业务定价后，客户根据自身仓储需求选择配送中心，租赁一定面积的仓库容量，并由物流商对客户的货物进行进销存管理，如图 6-5-8、图 6-5-9、图 6-5-10所示。

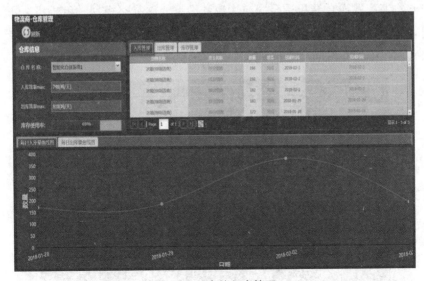

图 6-5-8　仓储入库管理

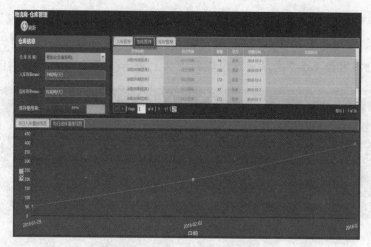

图 6-5-9　仓储出库管理

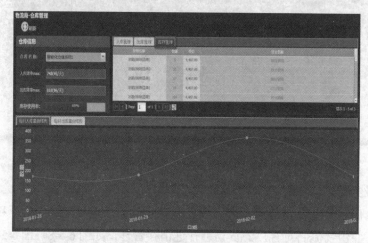

图 6-5-10　仓储库存管理

　　客户向物流商发送仓储租赁合同，物流商根据仓储战略规划、租赁需求和特定仓库剩余容量，选择是否接受合同请求。点击【销售】→【合同】，即可查看已接受的客户仓储租赁合同，如图 6-5-11、图 6-5-12 所示。

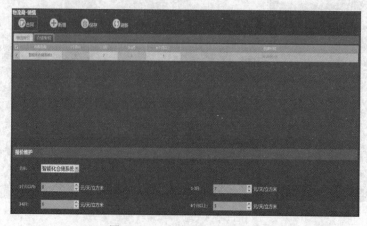

图 6-5-11　客户仓储租赁合同

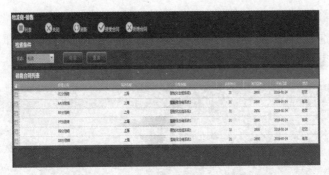

图 6-5-12　客户仓储租赁合同

6. 运输业务管理

物流商运输业务定价后，客户根据自身运输需求选择同城配送或者物流专线，并由物流商完成运输过程。物流商根据客户运输需求，接受运输合同，单击【运输】→【合同】，查看运输合同。运输合同执行过程中产生的运输订单状态为"等待装车"时，勾选订单，点击【手动分配】，根据送达时间、订单吨位，调度空闲车辆，点击【调度】，如图 6-5-13、图 6-5-14 所示。

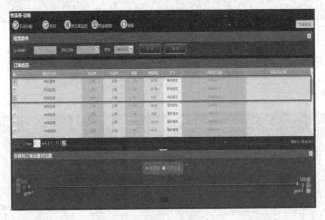

图 6-5-13　物流运输 1

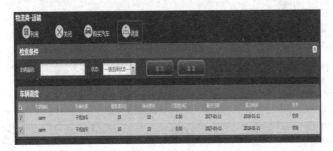

图 6-5-14　物流运输 2

物流商车辆调度分为自动调度和手动调度。自动调度，即系统根据订单吨位、送达时间和空闲车辆的载重量，自动调度一单（同城配送或者物流专线）或者多单（同城配送）进行运输。手动调度，即物流商根据订单吨位、送达时间和空闲车辆的载重量，一单（同城配送或者物流专线）或者多单（必须同城配送）手动调度进行运输。

7. 财务业务管理

（1）财务明细。单击【财务】→【财务明细】→【选择日期】，即可查看特定日期的财务明细，如图 6-5-15 所示。

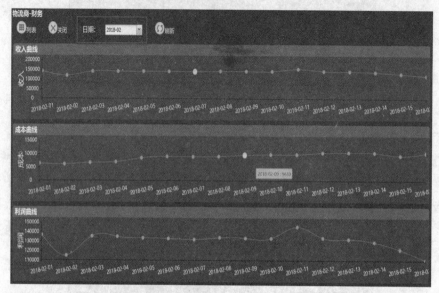

图 6-5-15　财务明细

（2）资金明细。单击【财务】→【资金明细】，即可查看每笔经济业务的资金明细，如图 6-5-16 所示。

图 6-5-16　资金明细

8. 供应链绩效管理

（1）数据分析。返回 3D 虚拟仿真环境主界面。单击【数据分析】，点击任意供应链绩效指标，根据数据反馈，对企业经营情况进行总结和评价。这里以"市场占有率"

指标为例，如图 6-5-17 所示。

图 6-5-17　数据分析

（2）资产信息。单击【资产信息】，点击任意资产信息指标，根据数据反馈，对企业财务状况进行总结和评价。这里以"子公司信息"指标为例。单击【子公司信息】，如图 6-5-18 所示。

图 6-5-18　资产信息

第七章
供应链协同与优化运营管理

【实验目标】

1. 能够根据任务书的要求设计完整的供应链协同与优化运营方案；

2. 实施供应链运营方案，优化供应链企业间的运营决策，提高供应链企业自身及供应链的运营绩效，增强整条供应链的竞争力。

实验项目1：供应链协同运营管理

【实验任务】以小组为单位构建一条完整的供应链，通过对供应链协同运营方案的设计，将供应商管理库存（VMI）、联合库存管理（JMI）及协作计划、预测与补货（CPFR）等协同管理策略运用到供应链运营中，以此解决供应链企业间组织协同、业务流程协同及信息协同等经营决策问题。

点击【"供应链管理"理实一体化课程】→【项目二 供应链协同运营管理】→【任务六 供应链协同运营方案设计与实施】，并在右侧点击【供应链协同运营方案实施（人机对抗）】，点击【进入任务】按钮，如图 7-1-1 所示。

图 7-1-1 任务选择

1. 企业注册

略。

2. 组成供应链企业进行运营

单人分别建立制造商、分销商、零售商、物流商企业类型，自己组成一条供应链企业进行运营（每个企业类型运营的操作方法参考项目一的各个任务的方案实施指导书），运营一段时间后发现某个类型企业库存成本过高、某个类型企业又经常缺货，从而造成客户服务水平不高的情况，引入供应商管理库存（VMI）的模式。

3. 物流商 VMI 操作

本任务采用"供应商—第三方物流—制造商"的 VMI 模式。第三方物流企业推动了合作三方（供应商、制造商、第三方物流企业）之间的信息交换和整合；第三方物流企业提供的信息是中立的，根据预先达成的框架协议，物料的转移标志了物权的转移；第三方物流企业能够提供库存管理、拆包、配料、排序和交付，还可以代表制造商向供应商下达采购订单。由于供应商的物料提前集中在由第三方物流企业运营的仓库中，使得上游的众多供应商省去了仓储管理及末端配送的成本，从而大大提高了供应链的响应性并降低了成本。

物流商采购原材料。进入物流商企业内部，单击【VMI】模块，单击打开【采购】界面，单击【选择供应商】，在跳转页面出现供应商信息双击选择【压缩机供应商 1】，单击选择自动采购策略下面的【定量订购法】，输入相关数据，单击【设定】，在跳转页面填写【采购协议】信息，单击【下一步】，在跳转页面填写【采购合同】信息，单击【签署】，如图 7-1-2、图 7-1-3、图 7-1-4、图 7-1-5、图 7-1-6 所示。这样压缩机的采购就完成了。用同样的方法采购组成冰箱的其余原材料即可。

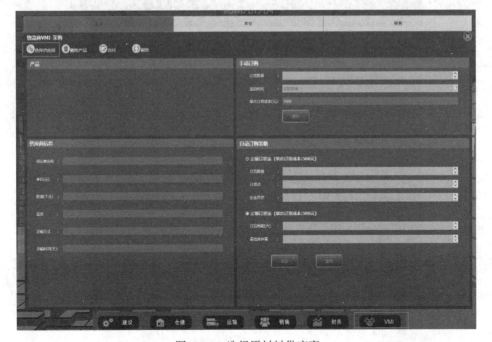

图 7-1-2　选择原材料供应商

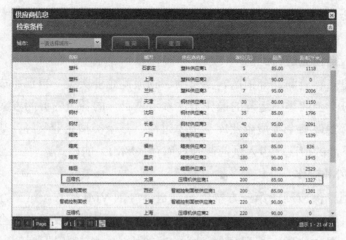

图 7-1-3 选择压缩机供应商

图 7-1-4 订购策略选择

图 7-1-5 采购协议签订

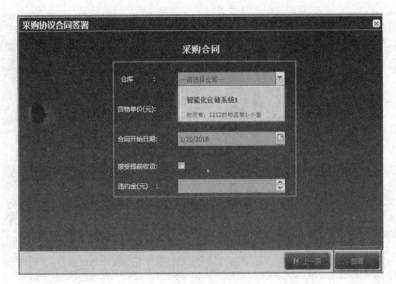

图 7-1-6 采购合同签署

在物流商的【VMI】库存界面查看原材料库存及使用情况，如图 7-1-7 所示。在【VMI】界面【销售】菜单里对每种原材料进行定价以及批量折扣的设置，并勾选【是否提供 VMI】，如图 7-1-8 所示。用同样的方法对所有原材料进行定价。

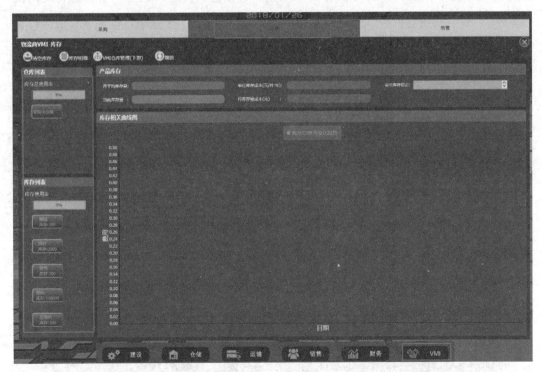

图 7-1-7 查看库存

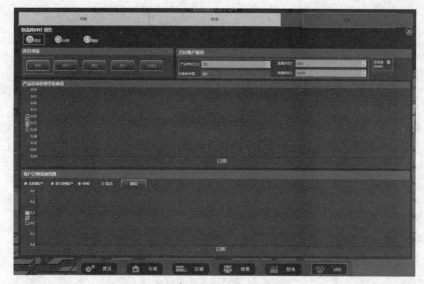

图 7-1-8　原材料销售

4. 制造商 VMI 操作

进入制造商企业内部，单击【采购】，单击【添加原材料】，选择相应原材料，单击【选择供应商】。在跳转界面可以看到系统提供的原材料信息，也可以看到有物流商提供 VMI 采购的原材料信息，这时选择在上海，并且提供 VMI 的原材料供应商信息，如图 7-1-9 所示。

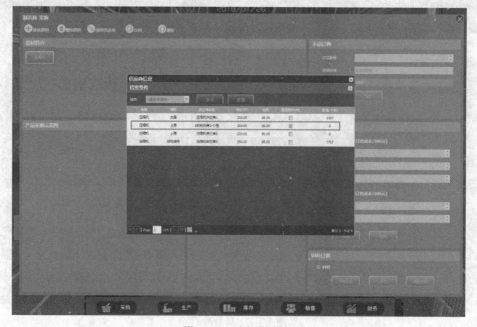

图 7-1-9　选择供应商

在【采购】界面选择【VMI 订购】，单击【VMI 设置】进行【VMI 设定】，在跳转界面划分原材料库容填写相关数据，填写好相关数据单击【设定】，如图 7-1-10 所示。

单击【签约】，填写采购协议相关信息，单击【下一步】，如图 7-1-11 所示。在跳转页面填写采购合同相关信息，单击【签署】，如图 7-1-12 所示。

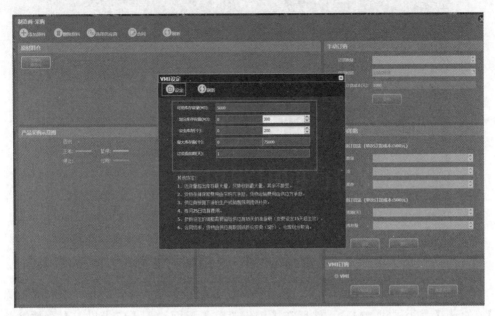

图 7-1-10　原材料库容划分

图 7-1-11　签订采购协议

图 7-1-12　签订采购合同

在【销售】界面单击选择产品，在【合同客户报价】输入【产品单价】及【批量折扣】，勾选【是否提供 VMI】，然后在【销售策略】界面输入【广告投入】金额，并且在【电子市场报价】界面输入【产品单价】，在单击【保存】，如图 7-1-13 所示。

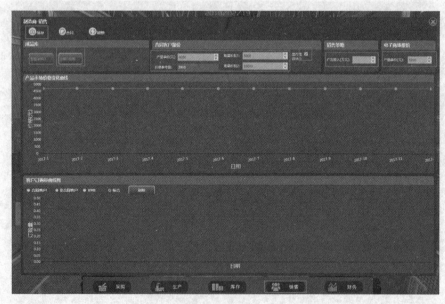

图 7-1-13　产品定价

5. 分销商 VMI 操作

进入分销商企业内部，单击【库存】，单击【增加仓库】，选择提供 VMI 的智能化仓库，并填写【合作市场】和【仓库面积】信息，单击【确定】，如图 7-1-14、图 7-1-15 所示。

图 7-1-14 租赁仓库

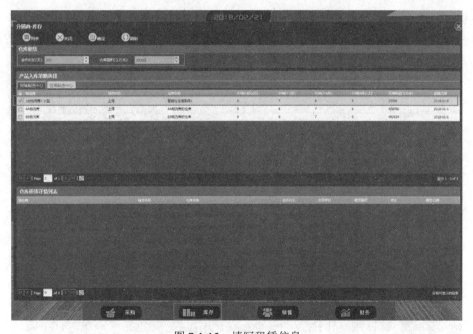

图 7-1-15 填写租赁信息

单击【采购】，选择【选择供应商】，在跳转界面可以看到不仅有系统提供的商品信息，也可以看到有制造商提供 VMI 采购的商品信息，这时选择在上海并且提供 VMI 商品供应商信息，如图 7-1-16 所示。

图 7-1-16　选择供应商

　　在【采购】界面选择【VMI 订购】，单击【VMI 设置】进行【VMI 设定】，在跳转界面划分商品库容填写相关数据，填写好相关数据单击【设定】，如图 7-1-17 所示。单击【签约】，填写采购协议相关信息，单击【下一步】，如图 7-1-18 所示。在跳转页面填写采购合同相关信息，单击【签署】，如图 7-1-19 所示。

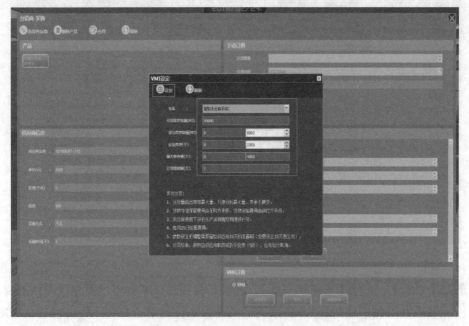

图 7-1-17　商品库容划分

2018/02/25
分销商-采购
产品
手动订购
采购协议合同签署
采购协议
供应商信息
VMI订购

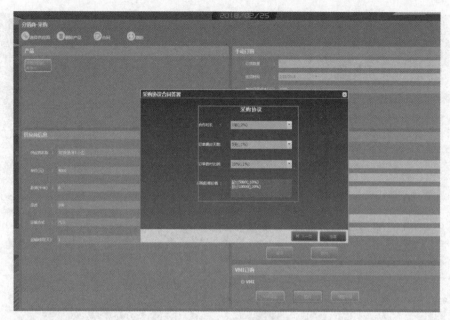

图 7-1-18　签订采购协议

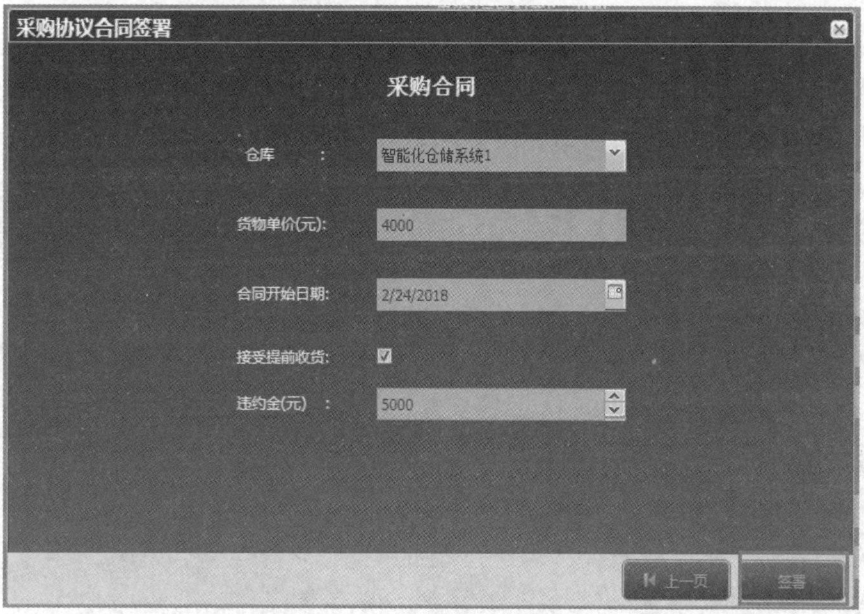

采购协议合同签署
采购合同
仓库　：
智能化仓储系统1
货物单价(元):
4000
合同开始日期:
2/24/2018
接受提前收货:
违约金(元)　：
5000
上一页
签署

图 7-1-19　签订采购合同

在【销售】界面单击选择产品，在【合同客户报价】输入【产品单价】以及【批量折扣】，勾选【是否提供 VMI】，然后【电子市场报价】界面输入【产品单价】，再单击【保存】，如图 7-1-20 所示。

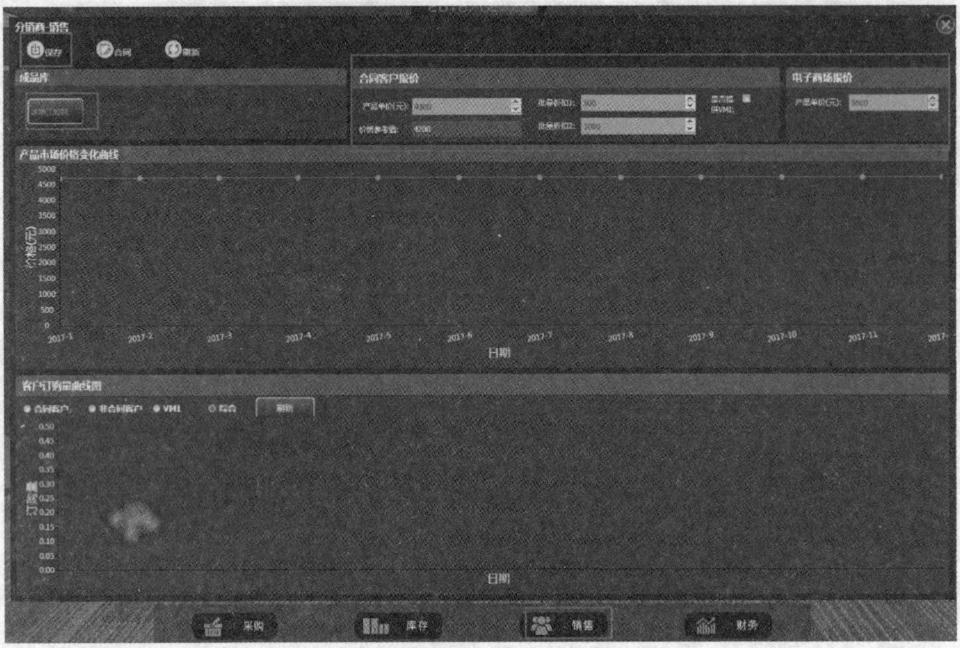

图 7-1-20　商品定价

单击【库存】，在【库存】界面查看【库存总使用率】及【成品库 / 仓库类型占比图】，然后单击【VMI 仓库管理（上游）】和【VMI 仓库管理（下游）】，查看上、下游客户的相关库存情况，如图 7-1-21、图 7-1-22、图 7-1-23 所示。

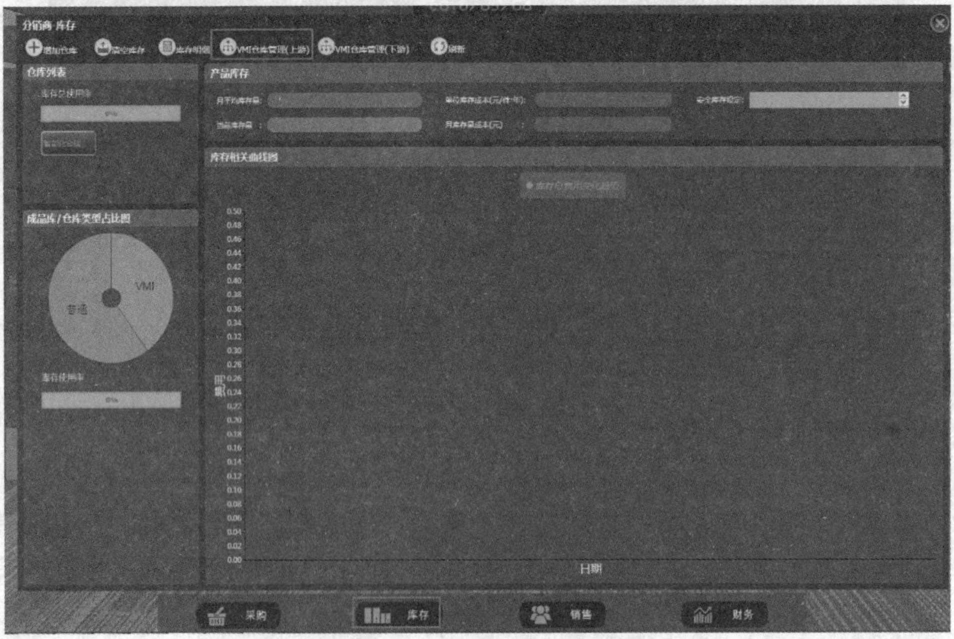

图 7-1-21　查看库存总使用率

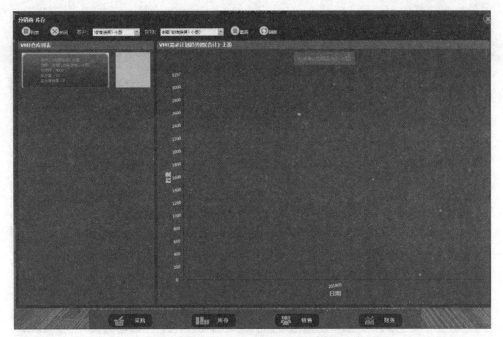

图 7-1-22 查看上游客户库存使用情况

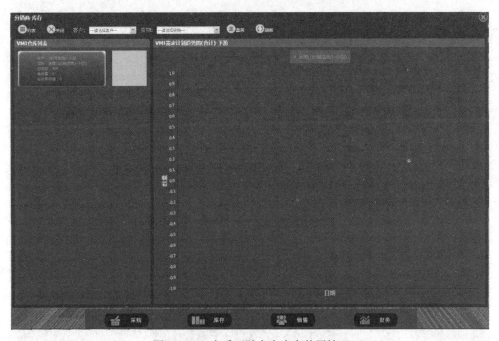

图 7-1-23 查看下游客户库存使用情况

6. 零售商 VMI 操作

进入零售商企业内部，单击【采购】，选择【选择供应商】，在跳转界面可以看到不仅有系统提供的商品信息，也可以看到有分销商提供 VMI 采购的原材料信息，这时选择在上海，并且提供 VMI 商品分销商信息，如图 7-1-24 所示。

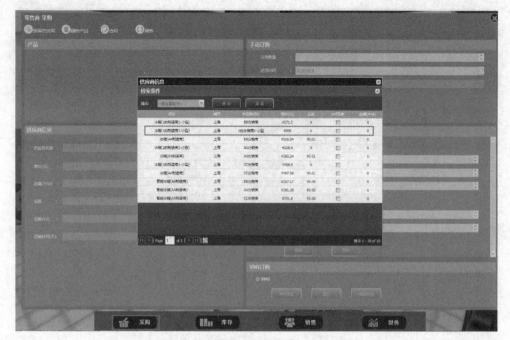

图 7-1-24　选择供应商

在【采购】界面选择【VMI　订购】，单击【VMI　设置】进行【VMI　设定】，在跳转界面划分商品库容填写相关数据，填写好相关数据单击【设定】，如图 7-1-25 所示。单击【签约】，填写采购协议相关信息，单击【下一步】，如图 7-1-26 所示。在跳转页面填写采购合同相关信息，单击【签署】，如图 7-1-27 所示。

图 7-1-25　划分商品库容

图 7-1-26 签订采购协议

图 7-1-27 签订采购合同

在【销售】界面单击选择产品，在【产品售价】界面输入【售价】以及【销售策略】信息，再单击【保存】，如图 7-1-28 所示。

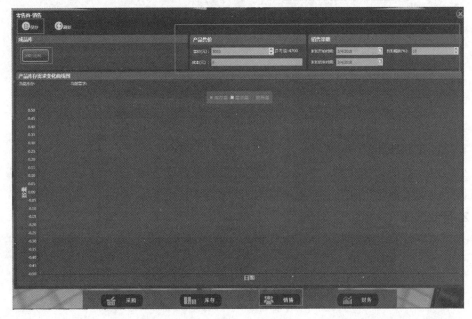

图 7-1-28 产品定价

实验项目 2：供应链优化运营管理

【实验任务】以小组为单位扮演供应链制造商、分销商、零售商及物流商中的一种类型企业角色，通过对供应链优化运营方案的设计，运用所学的供应链管理相关知识，优化供应链企业及企业间的运营决策，提高供应链企业自身及整个供应链的运营绩效，增强其市场竞争力和竞争优势。

点击选择【"供应链管理"理实一体化课程】→【项目三 供应链运营优化管理】→选择【任务七 供应链优化运营方案设计与实施】，并在右侧点击【供应链优化运营方案实施】，点击【进入任务】按钮，如图 7-2-1 所示。

图 7-2-1 任务选择

1. 集团企业注册

小组组长注册集团企业，参考供应链企业运营调研方案实施。（注意：组员必须等待组长完成集团企业注册之后，才可以点击"【进入任务】"）

2. 行业选择

（1）等待参加实战对抗的队伍全部进入行业选择界面，如图 7-2-2 所示。

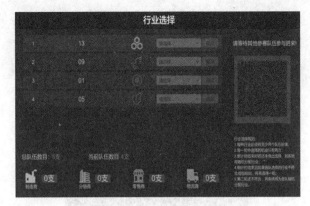

图 7-2-2　行业选择

（2）等待行业选择倒计时结束后，单击【请选择】，根据战略规划选择行业，包括：制造业，分销业，零售业、物流业，点击【提交】，如图 7-2-3 所示。

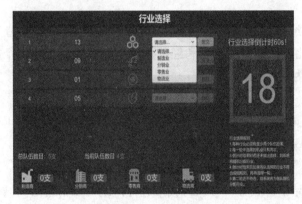

图 7-2-3　行业选择

3. 选择城市

小组成员根据战略规划，单击选择实战对抗规定的任意一座城市名称，进入城市，创办并且经营企业，如图 7-2-4 所示。（注意：小组成员既可以聚集在同一城市，也可以分布在不同城市。建议：完全熟悉并且掌握供应链四种类型企业的经营范围之后，再跨城市经营）

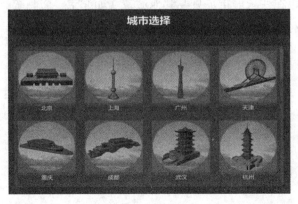

图 7-2-4　城市选择

可以切换城市，单击主界面右上角【选项】按钮，选择【切换城市】，如图 7-2-5 所示。

图 7-2-5　切换城市

4. 建立企业

小组四人共同经营供应链网络中一种类型的节点企业（如制造商、分销商、零售商、物流商）。因此，根据企业定位和经营规模等谨慎建立企业。企业建立之后，小组成员均可进入企业内部，参与经营。

5. 实战对抗

小组成员依据共同设计的供应链优化运营方案，在模拟全国 34 个主要城市的虚拟商业生态环境中，与其他队伍进行实战对抗。

6. 注意事项：

（1）制造商产品销售业务，可以跨城市进行，既可以销售给同城分销商，也可以销售给其他城市分销商。

（2）分销商采购业务可以跨城市进行，既可以采购所在城市制造商定价产品，也可以采购其他城市其他制造商定价产品。

（3）分销商租赁同一个物流商的同一类型仓库，仓库容量可以叠加。

（4）零售商采购业务只能同城市进行，即只能采购所在城市分销商定价产品。

（5）物流商跨城市开展运输业务必须建立相应的物流专线。

（6）物流商可以在任意城市，只要其他城市（如北京、广州等）在制造商所在城市（如上海）有采购业务，就可以开展运输业务。

参考文献

[1] 周敏 . 物流系统仿真实验 [M]. 北京：清华大学出版社，2022.

[2] 曹清玮 . 物流与供应链虚拟仿真实验教程 [M]. 杭州：浙江大学出版社，2016.

[3] 王成林，张旭凤，夏庆观 . 物流实验教学 [M]. 北京：中国物资出版社，2012.

[4] 陈丰照，梁子婧 . 物流实验实训教程（第 2 版）[M]. 北京：清华大学出版社，2022.

[5] 石彪 . 智能物流实验实训教程 [M]. 北京：中国铁道出版社，2019.

[6] 印玺，周艳春 . 物流管理综合实验 [M]. 北京：经济科学出版社，2022.

[7] 袁开福，肖强 . 物流管理实验教程 [M]. 北京：科学出版社，2022.

[8] 胡小建 . 物流与供应链管理 [M]. 北京：高等教育出版社，2018.

[9] 汝宜红 . 物流学（第二版）[M]. 北京：高等教育出版社，2014.

[10] 施先亮，李伊松 . 供应链管理原理及其应用 [M]. 北京：清华大学出版社，2006.

[11] 冯耕中，刘伟华 . 物流与供应链管理 [M]. 北京：中国人民大学出版社，2010.

[12] 徐贤浩，马士华 . 物流与供应链管理导论 [M]. 北京：清华大学出版社，2011.

[13] 傅仕伟，李湘琳，张文，等 . 供应链管理系统实验教程 [M]. 北京：清华大学出版社，2010.

[14] 陈元凤，黎枫 . 供应链管理模拟实验 [M]. 北京：社会科学文献出版社，2009.

[15] 毛卫东，叶小平 . ERP 供应链管理系统实验指导教程 [M]. 上海：上海财经大学出版社，2018.

[16] 冯华 . 供应链管理实验教程 [M]. 武汉：武汉大学出版社，2008.

[17] 张爱侠，陈东升 . 供应链管理系统实验教程 [M]. 上海：上海交通大学出版社，2010.

[18] 胡建波 . 供应链管理实务 [M]. 北京：清华大学出版社，2021.

[19] 韩东亚，孙颖莯 . 智慧物流概论 [M]. 合肥：中国科学技术大学出版社，2023.

[20] 李文锋 . 智慧物流 [M]. 武汉：华中科技大学出版社，2022.

[21] 姚海虹，双海军 . 基于物流管理本科人才培养不同阶段的物流虚拟仿真实验实训体系研究 [J]. 物流科技，2023，46（19）：150-152.

[22] 宋建军，张霞 . 基于虚拟仿真实验平台的物流管理专业课程体系构建探索 [J]. 物流工程与管理，2023，45（3）：165-167.

[23] 乔湫娟 . 基于智慧物流的供应链虚拟仿真实验平台建设研究 [J]. 中国物流与采购，2022（2）：95-96.

[24] 黄永福，季六祥 . 基于 VR 技术的物流管理虚拟仿真实验教学中心建设探索 [J].

实验技术与管理，2020，37（8）：238-242.

[25] 张光远，龚迪，王坤.库存管理与自动化仓储虚拟仿真实验教学 [J].实验技术与管理，2020，37（12）：149-154.

[26] 林剑，石向荣，谢凤华.智能计算虚拟仿真实验教学平台建设与实践 [J].高教学刊，2021，7（18）：71-74.

[27] 泮家丽，周兴建，张文芬.基于虚拟仿真的供应链运营分析 [J].物流技术，2021，40（12）：102-105.

[28] 李美燕，颜伟.管理学科跨专业场景式实验教学体系设计 [J].教育现代化，2019，6（68）：88-90+94.

[29] 罗彦芳，陈爱玲.基于智能物流实验室的物流专业实验教学探讨 [J].物流科技，2017，40（12）：138-140.

[30] 李菁苗.供应链管理课程实训实验的应用实践研究 [J].中国物流与采购，2012（22）：68-69.

[31] 牛占文，王小秋，韩尚梅.现代工业工程与物流管理综合实验平台的构建 [J].实验室科学，2011，14（6）：137-140.

[32] 温薇，丁文英，冯爱兰，等.基于供应链的仓储管理系统实验平台的搭建 [J].实验技术与管理，2008，6：173-176.

[33] 刘宏伟，梁雯，叶春森.物流学实验课程建设研究 [J].物流工程与管理，2017，39（6）：191-193.

[34] 张桂涛，胡劲松，田炳丽，等.物流信息技术综合实验平台设计 [J].物流科技，2013，36（8）：13-15.

[35] 肖生苓，杨慧敏，李洋，等.物流工程专业实验实训教学体系研究 [J].物流技术，2015，34（13）：303-305.